Horst Kleinert

Auftrag in Tarapoto

Zeppelin-Storys

HORST KLEINERT

Auftrag in Tarapoto

Zeppelin-Storys

THURM

Die Deutsche Nationalbibliothek verzeichnet diese Publikation in der Deutschen Nationalbibliografie. Detaillierte bibliografische Daten sind unter http:/dnb.ddb.de abrufbar.

www.thurm-verlag.de

Cover: Hapag-Werbeplakat von Jupp Wiertz (ca. 1930)
Wikimedia Commons

Print ISBN 978-3-945216-43-9
E-Book ISBN 978-3-945216-44-6

INHALT

Man muss nur wollen und daran glauben, dann wird es gelingen.

Ferdinand Graf von Zeppelin

MYTHOS ZEPPELIN

Wohl keine andere technische Erfindung des zwanzigsten Jahrhunderts hat die Fantasie der Menschen so beflügelt wie die Zeppeline. Überall, wo zwischen den Weltkriegen die silbernen Giganten auftauchten, wurden sie als Symbole des Fortschritts und der Völkerverständigung begeistert gefeiert.

Zahllose Augenzeugenberichte geben uns noch heute eine Vorstellung von der vielleicht schönsten Art zu reisen - über Landschaften, Städte und Meere zu schweben und aus Panoramafenstern auf die Schönheiten unserer Welt herunterzublicken. Doch die glanzvolle Ära der Luftschifffahrt endete im Mai 1937 beim Landeanflug der „Hindenburg" in Lakehurst, als das Luftschiff explodierte und in einem Feuersturm unterging.

Geblieben ist der Traum vom geruhsamen Dahingleiten in einem luxuriösen Hotel der Lüfte. In den fiktionalen Erzählungen dieses Buchs versuche ich, die Faszination der Zeppeline wieder aufleben zu lassen.

In einer meiner Geschichten wage ich ein geschichtliches Gedankenspiel: Wie hätte es mit den Himmelsschiffen weitergehen können, wenn es nicht Ende der dreißiger Jahre über Europa und der Welt Nacht geworden wäre?

Und wer weiß, vielleicht ist das letzte Kapitel der Luftschifffahrt noch nicht geschrieben.

Experten sind sich sicher: Mit superleichten Materialien und neuen Antriebstechnologien ließen sich Zeppeline bauen, in denen sich wunderbar reisen ließe – klimaneutral, komfortabel und sicher.

Immer wieder werden spektakuläre Entwürfe und Projekte vorgestellt – bis hin zum Luftschiffprojekt der NASA zur Erforschung der Venus. Auch darüber soll eine Geschichte in diesem Buch berichten.

Horst Kleinert

Der Autor war an mehreren verkehrstechnischen Machbarkeitsstudien der Bundesregierung beteiligt. Er leitete an der FU Berlin einen touristischen Studiengang und unterrichtete an der Beuth-Hochschule Berlin Betriebswirtschaftslehre.

www.horst-kleinert.de

Mehr über die Geschichte der Zeppeline erfahren Sie hier:

www.zeppelin-story.de

Januar 1935

AUFTRAG IN TARAPOTO

Das erste für touristische Reisen nach Nord-und Südamerika gebaute Luftschiff wurde am 8. Juli 1928 in Friedrichshafen auf den Namen „Graf Zeppelin“ getauft – genau am neunzigsten Geburtstag des 1917 verstorbenen Luftschiffpioniers Ferdinand Graf von Zeppelin. Die große Zeit des komfortablen Reisens mit einem Luftschiff konnte beginnen.

Bis zu ihrer Außerbetriebnahme 1937 fuhr die „Graf Zeppelin“ fast zehn Jahre lang von Deutschland aus in die Arktis und in den Orient, nach Buenos Aires, Lakehurst/New York und Rio de Janeiro. Und 1929 sogar um die Welt. Immer vollbesetzt und unfallfrei.

Die Explosion des Schwesterschiffs „Hindenburg“ im Mai 1937 in Lakehurst/USA bedeutete das Aus auch für die „Graf Zeppelin“. Beide Luftschiffe waren mit brennbarem Wasserstoff gefüllt; die USA hatten sich geweigert, Nazi-Deutschland mit nicht entflammbarem Helium zu beliefern. Die „Graf Zeppelin“ stieg nach der Katastrophe von Lakehurst nie wieder auf.

Begleiten Sie nun einen jungen Archäologen auf seiner abenteuerlichen Reise im Jahr 1935 mit der „Graf Zeppelin“ nach Südamerika …

I

Lima, 3. Mai 1934: „El Tiempo" meldet, dass im Norden Perus wiederholt Kinder spurlos verschwunden seien. Die Provinzregierung werde jetzt ihre Ermittlungsarbeit intensivieren.

Seit Stunden kämpften sich die zwei Männer mit ihren Macheten durch den Dschungel am Fuße der peruanischen Anden. Mehrmals prasselte ein Gewitterregen auf sie herab. Die Hitze ließ ihre Kleidung zwar schnell wieder trocknen, doch dafür quälten sie die Moskitos. Mitunter wateten sie bis zu den Knien im Wasser. Robert Bose, der hinter Ramirez lief, rutschte aus und fiel der Länge nach hin. Er stand auf, pickte sich ein paar Blutegel vom Gesicht und stolperte seinem Gefährten hinterher. Ramirez, ein junger Indio, führte Robert durch den Regenwald. Er sah, dass der Deutsche am Ende seiner Kräfte war. Auf einer trockenen Anhöhe baute er das Zeltdach auf und zündete ein Feuer an.

„Lassen Sie uns hier ein wenig ausruhen, bevor es weitergeht, Señor Bose. Bis zum Einbruch der Nacht sind es noch ein paar Stunden", sagte er und warnte ihn noch:

„Seien Sie vorsichtig. Wenn sich am Boden Zweige bewegen, sind es Schlangen."

Die Wärme des Feuers und heißer Kaffee ließen Robert die Strapazen des Marschs durch den Dschungel etwas vergessen. Doch er wusste, dass sie noch lange nicht am Ziel waren. Seine Gedanken wanderten drei Monate zurück. Im Berliner Völkerkundemuseum hatte alles begonnen – mit einer rätselhaften Steintafel. Er erinnerte sich noch genau an den Tag, den 20. November 1934:

„Meine Herrschaften, yau napaykuyki", hatte Robert auf Quechua die Handvoll Pressevertreter begrüßt, die der Einladung des Museums gefolgt waren – „Seien Sie herzlich willkommen". Quechua war die Sprache der alten Inka, die in weiten Teilen Perus immer noch verbreitet ist. Anlass für den Empfang war die Wiedereröffnung des Saals VI mit wertvollen Altertümern aus Peru.

Seit einem Jahr arbeitete Robert als wissenschaftlicher Assistent im Museum. Er war froh, in den schwierigen Zeiten der Wirtschaftskrise sofort nach seinem Archäologiestudium die Anstellung bekommen zu haben. Im Museum kümmerte er sich hauptsächlich um die Katalogisierung der Artefakte aus Nordeuropa.

Er hatte für den erkrankten Leiter der Mittel- und Südamerikaabteilung einspringen und die Rolle des Gastgebers übernehmen müssen. Für ihn war das kein Problem. Das Manuskript, das ihm übergeben worden war, enthielt alle wesentlichen Fakten, inklusive der Begrüßungsformel auf Quechua.

Interessiert hörten sich die Zeitungsleute seine Ausführungen zu den diversen Keramiken, Kultfiguren, Totenmasken, Textilien und Steintafeln an.

Vor einer Stele hielt er inne. In den Granit waren stilisierte Schädel eingeschnitten, die eher behelmten Wikingern ähnelten als Inkakriegern. Das konnte natürlich Zufall sein. Was Robert irritierte, war das Sonnenrad in der Mitte des Steins; es zeigte ein Spiralmuster, wie man es eigentlich nur aus dem frühen West- und Nordeuropa kannte. Erst jetzt beim Rundgang mit den Zeitungsleuten war ihm das aufgefallen.

„Schauen Sie, meine Herrschaften. Ein derartiges Sonnenrad kennen wir auch aus dem germanischen und keltischen Kulturraum. Merkwürdig. Die Archäologie steckt immer noch voller Geheimnisse."

Robert wollte damit sagen, dass es bestimmte Muster und Symbole gibt, die von fast allen alten Kulturen unabhängig voneinander geschaffen worden sind. Nicht mehr und nicht weniger.

Als er am nächsten Morgen eine Berliner Tageszeitung aufschlug, fiel ihm fast die Kaffeetasse aus der Hand. Im Feuilleton wurde über die Eröffnung der Peru-Abteilung berichtet. Und zwar unter der Überschrift „Haben Germanen Amerika entdeckt?" Robert Bose, sein Name wurde in dem Artikel genannt, sei davon überzeugt.

Was für ein Unfug, dachte er. Er ärgerte sich maßlos über die Presse, die ihm die Worte im Munde umgedreht hatte. Aber es kam noch schlimmer.

Einen Tag später wurde er ins Büro des Museumsdirektors gerufen. Der Direktor hielt ihm den Völkischen Beobachter, das Propagandablatt der Nazis, unter die Nase.

Der Direktor sprang hinter dem Schreibtisch vor und stürzte auf Robert zu. Er war hochrot im Gesicht.

„Was haben Sie sich nur dabei gedacht, Bose? Wollen Sie den Ruf unseres Museums ruinieren?"

Dick und fett verkündete die Zeitung eine „sensationelle Entdeckung" des Völkerkundemuseums: „Germanen schufen die Grundlagen der Inka-Kultur".

Robert wurde blass. Seine Rechtfertigungen nutzten ihm nichts. Der Direktor verdonnerte ihn zu Aufräumarbeiten ins Museumsdepot. Er konnte froh sein, nicht entlassen zu werden.

Robert hoffte, dass über kurz oder lang Gras über die unselige Geschichte wachsen würde. Aber er sollte sich irren. Der Bericht im Völkischen Beobachter hatte einen aufmerksamen Leser gefunden, der sein Leben von Grund auf ändern würde: Heinrich Himmler, Reichsführer SS. Himmler war davon überzeugt, dass alle prähistorischen Reiche, ob in Babylonien, Ägypten, am Indus oder in Tibet, von blonden, hellhäutigen Menschen aus dem Norden, den Stammvätern der Germanen, gegründet worden seien. Dieses hochentwickelte „Arier-Geschlecht" habe auf fast allen Kontinenten Spuren hinterlassen, glaubte er. Für ihn war die Suche danach eine ebenso wichtige Aufgabe wie die Verfolgung seiner machtpolitischen Ziele.

Fast alle seriösen Historiker und Ethnologen hielten die „Ariosophie" für pseudowissenschaftlichen Humbug, wagten aber nicht, offen darüber zu sprechen. Die Nazis hatten die Lehre von der „Überlegenheit der arischen Herrenmenschen" zur Staatsdoktrin erklärt und zur Rechtfertigung ihrer Weltherrschaftsansprüche gemacht.

Über Himmlers sonstige okkulten Steckenpferde – Hexenkult, Hellsehen, Telepathie, Astrologie und ähnliches – wusste man nicht nur in Parteikreisen Bescheid. Auch in der Bevölkerung flüsterte man sich zu, dass er im Kopf nicht ganz richtig sei und er sich sogar für die Wiedergeburt Heinrichs des Löwen hielte. Sich darüber lustig zu machen, war aber nicht ungefährlich. Himmler wurde, anders als Hitler, von der Mehrheit der Deutschen nicht verehrt. Er wurde gefürchtet.

II

Seit einer guten Stunde wartete Robert im Vorzimmer von Himmlers Büro im Hauptamt der Geheimen Staatspolizei in der Prinz-Albrecht-Straße. Himmler hatte ihn kurzfristig einbestellen lassen.

„Der Reichsführer lässt bitten." Der junge SS-Offizier, ein blonder Recke, öffnete die breite Flügeltür zu Himmlers Büro. Himmler, in Zivil, erhob sich von seinem Eichenholz-Schreibtisch und ging auf Robert zu. Die Vorhänge an der Fensterseite waren zugezogen und ließen kein Tageslicht durch. Nur die Schreibtischlampe brannte.

Robert war sich nicht sicher, was ihn erwartete. Würde Himmler ihn zu seiner Arbeit beglückwünschen? Der Fund im Völkerkundemuseum bedeutete ein weiteres Mosaiksteinchen im Weltbild der Nazis.

Sollte Himmler allerdings vermuten, dass er sich über den Germanenkult lustig machen wollte, drohte ihm Unheil. Humor gehörte nicht gerade zu den Stärken des Reichsführers.

Himmler begrüßte seinen Besucher freundlich; Roberts Befürchtung bestätigte sich nicht. Himmler begann, über die Entstehung der prähistorischen Hochkulturen und die Rolle, die dabei die Nordmänner spielten, zu dozieren. Er war davon überzeugt, dass bereits die Vorfahren der Wikinger und anderer germanischer Völker mit hochseetüchtigen Schiffen die Weltmeere überqueren konnten und ferne Erdteile besucht hatten.

„Und Sie, Herr Bose, haben durch Ihre Entdeckung dafür einen Beweis erbracht“. Himmler lächelte zufrieden. Seine Augen hinter den runden Brillengläsern blieben dabei kalt, fast leblos. Wie ein Fisch, dachte Robert.

Himmler hatte augenscheinlich an Robert Gefallen gefunden. Er entsprach seinen Vorstellungen von einem „arischen“ Mann: sportlich, hochgewachsen und zumindest dunkelblond.

„Ich möchte, dass Sie nach Peru fahren, um Relikte aus der Zeit der Germanen zu finden. Ich würde dem Führer zu seinem Geburtstag gern einige germanische Fundstücke schenken.“

Robert war so überrascht, dass es ihm fast die Sprache verschlagen hätte. Was für ein Unsinn, dachte er. Aber eine archäologische Expedition ins Reich der Inka? Dieses Abenteuer durfte er sich nicht entgehen lassen.

Robert nahm Haltung an. „Es wäre mir eine große Ehre, Reichsführer.“

Himmler klopfte ihm auf die Schulter.

„Gut. Ich werde dafür sorgen, dass die Museumsleitung Sie für diesen Auftrag freistellt. Die Mission unterliegt absoluter Geheimhaltung. Ist das klar?“

„Selbstverständlich, Reichsführer."

„Was meinen Sie, wo in Peru sollte die Suche beginnen?", fragte Himmler.

„Ich schlage vor in Cuzco. Oder auch in Machu Picchu".

Diese Orte waren die einzigen Ausgrabungsstätten, die Robert namentlich kannte. Entgegen der Annahme Himmlers war er ja kein Südamerikaexperte.

Himmler winkte ab. „Nein, dort gibt es nichts Neues mehr zu entdecken. Ich empfehle Tarapoto in Nordperu. Mir wurde berichtet, dass es in der Nähe noch unerforschte Tempelruinen aus der Vorinkazeit gebe. Was halten Sie davon?" Er blickte Robert fragend an.

„Da bin ich ganz Ihrer Meinung, Reichsführer", antwortete Robert, obwohl er noch nie etwas von Tarapoto gehört hatte. Doch er ahnte, dass man Himmler lieber nicht widersprechen sollte.

Bis zum Geburtstag Hitlers im April blieb nicht mehr viel Zeit. Himmler hatte aber auch daran gedacht:

„Transatlantikflüge mit dem Flugzeug sind ja leider noch nicht möglich. Sie fahren deshalb mit dem Luftschiff ‚Graf Zeppelin' über Recife in Brasilien nach Tarapoto. Das wird etwa drei bis vier Tage dauern. Die ‚Graf Zeppelin' wird Sie dort nach zwölf Tagen wieder abholen. Ich möchte, dass Sie in dieser Zeit erste Beweise finden. Enttäuschen Sie mich nicht, Bose, dies ist eine sehr kostspielige Expedition, auf die ich Sie schicke."

Der letzte Satz klang wie eine Drohung. Und das war er wohl auch.

In der Mephisto-Klause am Potsdamer Platz, nur ein paar Ecken vom Museum entfernt, war es wie immer brechend voll. Wie fast an jedem Freitag saß Robert mit seinem Freund Ralf an einem der abgewetzten Holztische beim Feierabendbier und unterhielt sich mit ihm über Gott und die Welt.

„Und Himmler hat dir wirklich den Auftrag erteilt, nach Tarapoto zu fahren? Mit dem Zeppelin?“ Ralf schüttelte ungläubig den Kopf.

„Pst, Ralf. Nicht so laut. Die Mission ist geheim.“

Die beiden kannten sich seit ihrer Schulzeit. Ralf hatte Deutsch und Geschichte studiert und danach die Lehrerlaufbahn eingeschlagen. Jetzt, mit dreiundzwanzig, waren sie, wieder einmal, solo und verbrachten so manchen Samstagabend gemeinsam in den Berliner Tanzdielen.

Robert hatte großes Vertrauen zu seinem Freund. Doch nun bereute er es, ihn eingeweiht zu haben. Ein Glas Bier zu viel, und Ralf redete wie ein Wasserfall.

Ein paar Tage später wirkte sein Freund auf ihn irgendwie verstört.

„Was ist los, du bist heute so schweigsam. Das kenne ich doch gar nicht von dir.“

„Tut mir leid, Robert. Ich darf nicht darüber reden.“

„Worüber darfst du nicht reden?“

Er wusste, Ralf konnte nichts für sich behalten. Er brauchte nur ein wenig zu bohren und Ralf würde reden. Ralf rückte schließlich damit heraus, was vorgefallen war:

„Ich hatte gestern Besuch von zwei Herren in schwarzen Ledermänteln."

Ralf musste ihm nicht sagen, wer die Männer gewesen waren. Gestapo!

„Die haben mich gehörig in die Mangel genommen. Sie wollten wissen, ob ich etwas über die Mission Tarapoto wüsste."

„Und, was hast du gesagt?", fragte Robert

„Ich hätte absolut keine Ahnung wovon die Rede sei. Sie wollten wohl herausfinden, ob du dichtgehalten hast. Sie wussten, dass wir befreundet sind."

Die Mission Tarapoto schien brisanter zu sein, als Robert angenommen hatte.

III

Sechs Wochen später, am 15. Januar 1935, machte die „Graf Zeppelin" nach ihrer Abfahrt von der Werft in Friedrichshafen am Bodensee einen kurzen Zwischenstopp in Berlin. Das Luftschiff befand sich im normalen Passagierdienst auf der Fahrt nach Recife an der brasilianischen Ostküste. Manchmal fuhr es weiter nach Rio de Janeiro und Buenos Aires, meist aber wieder von Recife zurück nach Deutschland.

Abends, kurz vor elf, wartete neben Robert ein weiterer Fahrgast auf dem Luftschiffhafen in Berlin-Staaken darauf, zusteigen zu können.

Beim Anblick des vor ihm liegenden Zeppelins stockte Robert der Atem:

Im gleißenden Scheinwerferlicht sah die „Graf Zeppelin“ aus wie ein gigantischer silberner Wal - 240 Meter lang und hoch wie ein Wohnhaus. Noch war das Luftschiff am Ankermast vertäut, doch die vielköpfige Bodenmannschaft hantierte bereits an den Ausfahrleinen. In wenigen Minuten würde das Kommando „Leinen los, Luftschiff marsch“ ertönen und der Zeppelin langsam in den Nachthimmel emporsteigen.

Über ein paar Stufen einer Gangway betrat Robert das Innere der Passagiergondel. Der andere Fahrgast war bereits vor ihm an Bord gegangen.

Links vom Eingangsbereich der Gondel führte eine Tür zum Aufenthalts- und Speiseraum; rechts vom Eingang lagen die Küche, der Funk- und Navigationsraum sowie, in der Gondelspitze, die Kommandobrücke.

Das mulmige Gefühl vor dem Betreten des Zeppelins verflüchtigte sich, als ihn ein Steward im Eingangsbereich der Gondel in Empfang nahm und ihn in den Aufenthalts- und Speiseraum führte.

Die gerafften roten Fenstervorhänge vor den zwei großen Schiebefenstern auf jeder Seite, die buntgemusterten Polstermöbel und die geblümten Wandbespannungen schienen nicht so recht zu einem modernen Luftfahrzeug zu passen, sorgten aber in ihrer plüschigen Gemütlichkeit für ein Gefühl der Geborgenheit und Vertrautheit.

Der Speiseraum bot Platz für zwanzig Personen, die an fünf einklappbaren Tischen bequem sitzen konnten. Jetzt, lange nach dem Abendessen, diente er als Salon. Einige wenige Gäste gönnten sich noch ein Glas Wein oder Bier, die meisten befanden sich aber bereits in ihren Kabinen, direkt hinter dem Aufenthalts- und Speiseraum.

Die zehn Doppelkabinen lagen rechts und links von einem Mittelgang. Alle Kabinen verfügten über ein Etagenbett und ein nach oben aufklappbares Fenster, unter dem ein kleiner Tisch angebracht war. Kleidung und Handgepäck ließen sich in einem schmalen Wandschrank verstauen. Das obere Bett wurde tagsüber vom Steward weggeklappt, so dass die Schlafkabine in ein zweckmäßig eingerichtetes kleines Zimmer mit Sofa, Tisch und einem Stuhl verwandelt werden konnte.

Hinter dem Mittelgang befanden sich das WC und die Waschräume, getrennt für Damen und Herren. Daran schlossen sich die Sanitärräume für Mannschaft und Offiziere an. Hier, am Ende der Gondel, lag der Zugang zum Rumpf des Zeppelins, in dem die Besatzung untergebracht war.

Mittlerweile schwebte die „Graf Zeppelin" in der Luft, ohne dass Robert etwas vom Aufstieg gemerkt hatte. Im Salon ließ er sich gerade einen Cognac servieren, als der zusammen mit ihm in Berlin zugestiegene Fahrgast sich ihm näherte. Der Mann, etwa Anfang dreißig und von kräftiger Gestalt, hatte ein kantiges Gesicht mit einem schlecht verheilten Schmiss. Seine schwarze Lederjacke trug er wie eine Uniform.

„Herr Bose?" Robert blickte auf und nickte. „Ja bitte?"

„Mein Name ist Martin Berger. Wir werden die Reise gemeinsam machen. Der Reichsführer hat mich beauftragt, für Ihren Schutz zu sorgen und sicherzustellen, dass die Expedition ein Erfolg wird."

Robert wunderte sich. Vor welchen Gefahren sollte Berger ihn denn in Peru schützen? Oder sollte er überwacht werden? Doch wobei und warum?

Berger ließ keinen Zweifel daran, wer jetzt das Sagen hatte. Robert hätte alle Pläne mit ihm abzustimmen. „Dies ist ein Befehl des Reichsführers".

Der Steward hatte inzwischen auch Berger einen Cognac gebracht.

„Und nun wollen wir auf das Wohl des Reichsführers und den Erfolg unserer Reise anstoßen."

Beide erhoben ihr Glas.

„Wir werden uns übrigens eine Kabine teilen, Herr Bose."

Auch das noch, dachte Robert. Hoffentlich schnarcht mein Wachhund nicht.

Das Luftschiff drehte gerade eine Schleife über der Berliner Innenstadt. Durch die großen Fenster sahen sie unter sich den angeleuchteten Dom, das kaiserliche Schloss und die Lichterketten der Autos auf den Hauptstraßen. Dann nahm der Zeppelin Kurs auf die Südspitze von Spanien.

In Sevilla war eine zweite Zwischenlandung vorgesehen, bevor die „Graf Zeppelin" den europäischen Kontinent verlassen und, quer über den Atlantik, Südamerika ansteuern würde.

Martin Berger verließ als erster den Salon, um sich in ihrer Kabine einzurichten. Robert folgte ihm etwas später. Er kletterte auf das obere Bett und wünschte Berger eine gute Nacht. Er lag noch lange wach. Wenn Berger dahinterkäme, was er von dem Germanenquatsch hielte, wäre er geliefert, dachte er. Der würde ihn später der Gestapo ausliefern oder schon in Recife liquidieren. Eine Pistole habe er sicher dabei. Robert wollte deshalb erst einmal Berger gegenüber zurückhaltend zu sein.

Sehr früh am nächsten Morgen, das Luftschiff befand sich bereits über Spanien, saß Robert im Speisesaal beim Frühstück. Berger kam herein und setzte sich zu ihm an den Tisch.

„Darf ich?", eine Antwort wartete er nicht ab.

Sie wechselten ein paar belanglose Worte, dann bat Berger ihn, mit in ihre Kabine zu kommen. Inzwischen hatte die „Graf Zeppelin" Andalusien überflogen und war dabei, in Sevilla zu landen.

„Ich werde Ihnen jetzt den weiteren Reiseverlauf mitteilen, Herr Bose." Berger sprach in der Kabine mit gesenkter Stimme. Die Wände waren dünn.

„Nachdem in Recife alle Passagiere von Bord gegangen sind, bleibt die ‚Graf Zeppelin' etwa für zwei Stunden zum Auftanken und Nachfüllen am Boden. Wir beide werden das Schiff nicht verlassen. Offiziell fährt die ‚Graf Zeppelin' zurück nach Deutschland, ohne Passagiere, nur mit Fracht. Inoffiziell - und das unterliegt absoluter Geheimhaltung - wird das Schiff über dem Meer umdrehen und direkt Kurs auf Tarapoto nehmen."

„Ist Brasilien darüber informiert?", wollte Robert wissen.

„Die brasilianische Regierung hat uns auf persönliche Bitte des Führers die Genehmigung zum Überfliegen des brasilianischen Territoriums erteilt. Lima ist allerdings nicht informiert; das Verhältnis zwischen Peru und Deutschland ist momentan nicht das beste. Wir werden also die Nacht und den frühen Morgen nutzen müssen, um unbemerkt bis in die Nähe von Tarapoto zu kommen. Die ‚Graf Zeppelin' wird uns in einem abgelegenen Tal der Anden absetzen und in der Nacht wieder umkehren."

Robert blickte Berger fragend an:

„Und wenn man uns entdeckt? Was ist dann?"

„Dann haben wir ein Problem. Die deutsche Regierung wird abstreiten, von unserem Unternehmen gewusst zu haben. Nach der Landung werden uns ortskundige Einheimische nach Tarapoto führen. Unsere Landsleute in Peru haben bereits 1932 eine Ortsgruppe der NSDAP gegründet. Ihr Leiter in Lima hat auf Anweisung der Auslandsabteilung der Partei dafür gesorgt, dass wir sicher in die Stadt kommen."

Das Ganze war doch weit gefährlicher, als Robert gedacht hatte.

„Nach zwölf Tagen holt uns das Luftschiff wieder ab. In dieser Zeit muss Ihre Suche nach archäologischen Fundstücken abgeschlossen sein, und zwar erfolgreich. Sind wir nicht am Landeplatz, fährt der Zeppelin am Abend ohne uns zurück."

„Was für ein Aufwand für eine Mission, deren Erfolg in den Sternen steht ", murmelte Robert vor sich hin. Aber Berger hatte die Worte verstanden.

„Wir haben den Auftrag des Reichsführers nicht zu hinterfragen, Bose. Wir haben ihn auszuführen!“, sagte er in einem Ton, der unmissverständlich war.

Ab dreizehn Uhr wurde das Mittagessen serviert. Der Steward platzierte Robert und Berger an einen Tisch, an dem sie allein saßen. Als Vorspeise gab es eine Geflügelpastete, danach wurde Rehrücken gereicht, begleitet von französischem Weiß- und Rotwein. Den Abschluss bildete ein Biskuitpudding; alles wurde auf edlem Porzellan serviert.

Berger eröffnete das Gespräch mit einer Frage:

„Was meinen Sie, Bose, werden Sie in Peru Überbleibsel der Germanen finden?“

„Natürlich, das heißt, ich hoffe es“, antwortete Robert vorsichtig.

„Sie glauben es also nicht wirklich, oder?“ Berger blickte ihn skeptisch an.

Robert war auf der Hut. Er versuchte, sich diplomatisch auszudrücken:

„Lassen Sie es mich so sagen: Ich halte es für sehr unwahrscheinlich, aber nicht für ausgeschlossen. Was wissen wir schon von der Zeit vor den Inka? Nichts. Aufzeichnungen gibt es nicht; alle kulturellen Zeugnisse wurden von den spanischen Konquistadoren geplündert, zerstört oder verbrannt. Geblieben sind nur die Berichte der Spanier und die Mythen.“

„Und ihre Entdeckung im Völkerkundemuseum? Die beweist doch, dass Germanen in Peru waren.“

Oh Gott, dachte Robert, was habe ich damit nur angerichtet?

„Diese Entdeckung ist bestenfalls ein Indiz, kein Beweis. Wir wissen nicht, von wem und woher die Steinstele wirklich stammt, und auch nicht, wann das Sonnenrad eingekerbt worden ist."

Robert merkte, dass er sich sehr weit vorgewagt hatte. Hatte Berger aus ihm herauslocken wollen, wie ernst er Himmlers Auftrag nahm?

„Ich merke, Sie sind nicht hundertprozentig überzeugt von unserer Mission, Sie wissen aber hoffentlich, was der Reichsführer von uns erwartet. Sie sollten das nicht vermasseln."

Das war deutlich, dachte Robert. Ich darf kein Risiko eingehen. Ich könnte in Tarapoto eine Steintafel suchen, und heimlich Runen hinein ritzen, die die Existenz einer ‚arischen Hochkultur' in der Vorinkazeit beweisen. Dann wäre mein Aufpasser zufrieden und Himmler glücklich. Vielleicht würde Berger dabei sogar mitspielen, denn der ist genauso zum Erfolg verdammt wie ich. Mit leeren Händen zurückzukehren, wäre sicherlich seiner Karriere bei Himmler wenig förderlich.

Beim abschließenden Mokka wollte Robert herausfinden, wie Berger über die Nazis denkt. Vielleicht war er ja nur ein Mitläufer.

„Glauben Sie, dass sich die Situation in Deutschland bald wieder normalisiert?", fragte er.

„Was heißt normalisiert? Wir erleben im Moment eine Revolution. Und danach wird wieder Ruhe herrschen."

Ja, Friedhofsruhe, dachte Robert. Berger ins Vertrauen zu ziehen, wäre wohl doch zu riskant. Ich muss den Kerl loswerden. Bloß, wie? Ich kann ihn ja nicht aus dem Zeppelin werfen. Er fasste einen anderen Plan.

In Sevilla war ein Aufenthalt von drei Stunden vorgesehen. Durch ihre offenen Kabinenfenster konnten die Passagiere die prächtige Kathedrale von Sevilla und die Menschen auf den Straßen sehen, die staunend den Flug des riesigen Ungetüms am Himmel verfolgten. Die Ankunft der „Graf Zeppelin" war jedesmal ein spektakuläres Ereignis. Auch Berger war in den Salon gegangen, um von dort aus den Anflug auf Sevilla zu beobachten.

Robert war allein in der Kabine. Er setzte sich an den kleinen Tisch unter dem Fenster und begann, Tabletten mit einem Löffel zu pulverisieren. Vier Schlaftabletten sollten reichen, Berger für eine Weile außer Gefecht zu setzen. Besser ist besser, dachte er sich und zerkleinerte noch eine fünfte Tablette.

Er würde Berger zu einem Stadtausflug einladen und in einer Bodega zwei Gläser Vino Tinto bestellen und ihm heimlich das Pulver in sein Weinglas schütten. Nach spätestens zehn Minuten würde Berger in Tiefschlaf fallen.

Eine Stunde später saßen sie auf dem Platz an der Kathedrale in einer Bodega. Berger leerte in einem Zug das halbe Glas. Das Schlafmittel wirkte fast sofort, und die Ambulanz war im Nu zur Stelle. Im Hospital würde man Berger schon auf die Beine bringen, war sich Robert sicher. Die „Graf Zeppelin" befände sich dann bereits wieder in der Luft.

„Herr Bose, Sie kommen allein an Bord? Was ist mit Ihrem Begleiter? Unser Schiff kann nicht warten." Der Erste Offizier war beunruhigt.

„Herr Berger wird die Reise nicht fortsetzen können. Er erlitt in der Stadt einen Ohnmachtsanfall und befindet sich im Hospital von Sevilla."

„Oh, wie bedauerlich. Aber es ist gut, dass er in ärztlicher Obhut ist. Auf der „Graf Zeppelin" hätten wir nur wenig für ihn tun können. Ich werde seine Sachen gleich aus Ihrer Kabine holen und aufbewahren lassen."

Robert ging sofort in die Kabine. Er hoffte herauszufinden, ob Berger noch eine andere Aufgabe hatte, als ihn zu „beschützen". Warum hatte Himmler einen Bewacher mit auf diese Reise geschickt?

Außer Kleidung zum Wechseln, einer Tasche und den üblichen Toilettenutensilien durften die Passagiere nichts mit in die kleinen Kabinen nehmen. Ihre Koffer wurden während der Überfahrt bis zur Landung im Gepäckraum im Innern des Luftschiffs aufbewahrt.

Mit seiner Nagelfeile gelang es Robert, das Schloss von Bergers Aktentasche zu öffnen. Eine Pistole enthielt sie nicht, dafür mehrere Ordner – und ein dickes Bündel Einhundert-Dollar-Noten!

Viel Zeit, sich zu wundern, blieb ihm nicht. Gleich würde ein Steward kommen und Bergers Sachen an sich nehmen. Robert konnte nur einen flüchtigen Blick in die Unterlagen werfen, doch schnell erkannte er, worum es darin ging: Die Ordner enthielten Richtlinien und Anweisungen, die Auslandsdeutschen, die Regierung und die Presse von Peru im Sinne des Nationalsozialismus zu beeinflussen, und zwar durch Propaganda, Erpressung und Bestechung – so wie schon in ganz Lateinamerika. Ziel der Nazis war es, die politische und wirtschaftliche Position des Dritten Reichs hier zu stärken und den Einfluss der Vereinigten Staaten zurückzudrängen.

Offiziell das Material und das Geld nach Peru zu senden, wäre zu gefährlich gewesen; als geheimer Kurier sollte Berger Geld und Dokumente in Tarapoto an sicherer Stelle deponieren. Der in Lima ansässige Leiter der Auslandsorganisation der NSDAP in Peru würde sich die Tasche später in Tarapoto abholen. Bergers Auftrag war also nicht nur die Überwachung Roberts!

Als es an der Kabinentür klopfte, packte Robert alles wieder in die Aktentasche. Der Steward kam herein, nahm Bergers Sachen an sich und wünschte ihm noch einen angenehmen Aufenthalt. Robert musste durchatmen. Mein Gott, dachte er, die Pläne der Nazis, die Weltherrschaft zu erringen, sind ja tatsächlich ernst gemeint!

IV

Am späten Nachmittag war die „Graf Zeppelin" mit Robert und weiteren achtzehn Passagieren wieder in der Luft. Über Gibraltar und Tanger ging es hinaus auf den Atlantik zu den Kanarischen Inseln und den Kapverden. Etwa dreihundertfünfzig Kilometer vor der brasilianischen Küste überquerte das Schiff die brasilianische Sträflingsinsel Fernando de Noronha; drei Stunden später wurde die Küstenstadt Recife im brasilianischen

Bundesstaat Pernambuco erreicht. Ozeandampfer brauchten von Europa nach Südamerika mehr als zwei Wochen, die „Graf Zeppelin" nur drei Tage.

Über der endlosen Wasserwüste hatte der Zeppelin trotz gelegentlicher Gewitterstürme wie auf Schienen ruhig seine Bahn gezogen. Abwechslung boten die exzellenten Mittags- und Abendmenüs und eine Führung durch das Schiff unter der Leitung des Kommandanten Sven Hansen. Über einen schmalen Steg durften die Passagiere auch das Innere des Schiffskörpers betreten.

Der Blick zwischen den mit Wasserstoff gefüllten Gasballons nach oben, wo sich in dreißig Metern Höhe die Spanten und gigantischen Aluminiumringe schlossen, war überwältigend und einzigartig – nur vergleichbar mit den Rundbögen romanischer Kathedralen oder filigranen Brückenkonstruktionen. Die Aufenthaltsräume für Mannschaft und Offiziere und die Frachträume lagen neben dem unteren Laufgang, der vom Bug zum Heck des Schiffs führte. Geschlafen wurde dort in Hängematten im hinteren Teil des Schiffes.

Kommandant Hansen informierte die Passagiere über einige technische Leistungsdaten seines Schiffs.

„Die ‚Graf Zeppelin' hat bei einer Durchschnittsgeschwindigkeit von 128 Stundenkilometern eine Reichweite von 12.000 Kilometern, ohne Gas, Wasser oder Treibstoff nachladen zu müssen. Das ist die Strecke vom Nord- zum Südpol oder zweimal von Hamburg nach New York. Und wie Sie wissen, ist 1929 unser Schiff in 21 Tagen um die Welt gefahren. Glauben Sie mir, nicht den Flugzeugen wird die Zukunft des Fernverkehrs zur

Luft gehören, sondern den sehr viel komfortableren Luftschiffen."

Am dritten Tag der Atlantiküberquerung leitete die „Graf Zeppelin" das Landemanöver ein. Die Passagiere hatten bereits ihre Kabinen geräumt und blickten im Salon auf das Landefeld von Recife herab.

Eine Viertelstunde später machte die „Graf Zeppelin" am Ankermast fest, und die Passagiere verließen das Schiff.

Am Nachmittag hob die „Graf Zeppelin" vom Luftschiffhafen in Recife wieder ab. An Bord waren nur die Besatzung und Robert.

Im ersten Morgengrauen des nächsten Tags sah Robert unter sich dichten Regenwald und in der Ferne bereits die mächtigen Gipfel der Anden. Kurz vor der Landung blickte er auf einzelne bewaldete Bergkuppen und auf Ausläufer der Vorgebirge, die wie ockerfarbene Zungen ins Grün des Dschungels hineinragten.

Nach der Landung in einem Tal bei Tarapoto sicherte die Mannschaft als erstes den Zeppelin mit Bodenankern. Robert stieg aus und blickte fasziniert auf die Landschaft. Sie erinnerte ihn an die Täler in den Voralpen.

Mit seinem Rucksack durchwanderte er mühsam die schmale Schlucht, die auf seiner Karte eingezeichnet war. Nach etwa einer Stunde erreichte er den Ausgang der Schlucht. Vor ihm lag eine weite Ebene, auf der vereinzelt Kakteen und Palmen wuchsen. Hier wurde er bereits von zwei Indios erwartet, die vier Maulesel an der

Leine führten. Der Zeppelin hatte von ihrem Treffpunkt aus nicht beobachtet werden können.

„Hola, amigos. Yau napaykuyki", sagte Robert zu den Indios, die sich sichtlich darüber freuten auf Quechua begrüßt zu werden. Danach wurde Spanisch gesprochen. Mehr als diese Begrüßungsformel beherrschte er nicht.

„Wir haben zwei Alemanes erwartet, Señor", sagte der ältere Indio.

„Der Plan wurde geändert. Ich bin allein."

Auf dem Weg nach Tarapoto überquerte die Gruppe Geröllfelder, kleinere Wasserläufe und - sogar mit den Mulis - schwankende Hängebrücken. Nach drei Stunden sahen sie vor sich ein Plateau.

„Nur noch ein kleiner Aufstieg, Señor", ermunterten ihn die Indios. „Sie haben es gleich geschafft, dort oben liegt Tarapoto."

Das Städtchen machte einen verschlafenen Eindruck. Eine barocke Kirche, der Marktplatz mit dem Rathaus, ein paar weißgetünchte Kolonialbauten mit hölzernen Balkonen und viele Blech- und Holzhütten bildeten das Zentrum. Es war Mittagszeit und über dreißig Grad heiß. Auf den staubigen Straßen ließen sich nur wenige Menschen blicken - es war die Zeit der Siesta.

Die beiden Indios führten ihn zu einem Steinhaus am Markt, das im Erdgeschoss eine kleine einfache Cantina beherbergte. Der Wirt saß in einer Ecke und ließ sich bei seinem Mittagsschläfchen nicht stören. Der jüngere der beiden Indios, sein Name war Sancho, half Robert mit dem Gepäck die Stiege hoch. Im ersten Stock bezog er ein einfaches Zimmer mit einem Balkon zur Straße hinaus.

„Wann immer Sie meine Hilfe benötigen, Señor, geben Sie mir bitte Bescheid. Ich stehe Ihnen bis zu Ihrer Abreise zur Verfügung. Sie finden mich im Raum neben der Cantina", sagte Sancho.

Robert machte sich ein wenig frisch und ging dann nach unten. Der Wirt brachte ihm Bananenklöße mit Schweinefleisch, Wasser und eine Karaffe Rotwein.

Robert dachte an den morgigen Tag. Er würde sich von Sancho zu den Tempelruinen führen lassen, von denen Himmler gesprochen hatte, und sich dort erst einmal in Ruhe umsehen. Irgendwelche Spuren einer germanischen Besiedlung zu finden, glaubte er nicht.

Früh am nächsten Tag machte er sich mit Sancho auf den Weg zu den Tempelruinen. Nach einem längeren Marsch hatten sie den Ostrand des Plateaus erreicht, das an dieser Stelle steil nach unten abfiel. Unterhalb des Felsenplateaus, zwei- bis dreihundert Meter tiefer, erstreckte sich hügliger Bergwald, der in der Ferne in den Regenwald des Amazonasbeckens überging.

Am Horizont sah er schwarze Gewitterwolken, durch die unaufhörlich Blitze zuckten. Dort, wo er jetzt stand, war es heiß und trocken. Die Ruinen befanden sich nicht weit vom Rand des Plateaus. Robert blickte auf eine gewaltige Mauer, die von Gestrüpp, Kakteen und Dornbüschen überwuchert war. Die Mauer bestand aus behauenen Steinblöcken, die unregelmäßig aufeinandergeschichtet waren.

Sancho hatte es sich inzwischen unter dem Schatten einer Palme bequem gemacht.

Langsam schritt Robert die Mauer ab. Sie war kreisrund und hatte nur eine breite torähnliche Öffnung, durch die er in einen geräumigen Innenhof gelangte. Hier stand ein großer, ebenfalls aus klotzigen Felsblöcken errichteter runder Turm, der zum Teil bereits in sich zusammengefallen war. Die ganze Anlage erinnerte ihn an eine mittelalterliche Festung.

Vor dem Turm war ein großes Sonnensegel aufgespannt, unter dem sich ein jüngerer Mann mit dem Sortieren von Scherben oder Ähnlichem beschäftigte. Als er Robert sah, stand er auf und ging ihm entgegen.

„Buenas tardes, Señor“, sagte er in einem sehr reserviert klingenden Ton. „Qué desea?“

Als Robert ihm sagte, dass er vom Berliner Völkerkundemuseum beauftragt sei, die Ruinen von Tarapoto zu studieren, wurde der Mann zunehmend freundlich. Er stellte sich als Carlos Gonzales vor, Doktor der Archäologie an der Universität von Lima, und freute sich, einen Kollegen aus Deutschland zu treffen.

„Bitte verzeihen Sie meine frostige Begrüßung, Señor Bose. Seit kurzem treiben sich hier Gestalten herum, die mir bereits einige Fundstücke gestohlen haben.“

„Was haben Sie denn alles finden können, Doktor Gonzales?“ „Kommen Sie, Ich zeig's Ihnen.“

Gonzales führte ihn zu einem kleinen Schuppen. Er deutete auf diverse Tonfiguren, Keramiken, zwei Steinschleudern und auf eine Axt aus Eisen, die auf einem langen Holztisch lagen.

„Das sind alles Funde aus den letzten zwei Wochen, die meine indianischen Hilfskräfte und ich aus dem Boden gegraben oder aus den Ruinen geborgen haben."

Gonzales blickte Robert erwartungsvoll an.

„Das ist wirklich großartig, Doktor." Robert war beeindruckt. „Ich schätze, diese Sachen stammen aus der Vorinkazeit, oder?"

„Sie haben recht. Die meisten unserer Fundstücke befinden sich im Peruanischen Nationalmuseum in Lima, darunter Skulpturen, mehrere Sarkophage und eine steinerne Stele. Und wissen Sie, was auf der Stele eingraviert ist?" Gonzales wartete die Antwort von Robert nicht ab.

„Sie werden es nicht glauben. Es sind Spiralmuster und andere keltische Symbole! Auch die Steinschleudern, die wir gefunden haben, sind mit keltischen Schleudern nahezu identisch.

„Heißt das, auch die Gemäuer vor uns stammen von den Kelten?", fragte Robert ungläubig. „Die lebten doch vor zweitausend Jahren in Europa, wie sollen die nach Peru gekommen sein?"

Dr. Gonzales hatte dafür eine Erklärung:

„Ich vermute, dass die Kelten zusammen mit den verbündeten Karthagern auf der Flucht vor Rom waren. Die Schiffe der Karthager waren hochseetüchtig. Auf der Suche nach neuem Lebensraum könnte ein Teil der Flotte an der brasilianischen Küste gelandet sein. Die Kelten waren robust genug, um nach und nach bis an den Rand der Anden vorzustoßen und sich hier im fruchtbaren Hochland niederzulassen."

Robert wurde nachdenklich. Vielleicht gab es in der Frühzeit tatsächlich seefahrende Völker, die imstande waren, den Atlantik zu überqueren. Vielleicht sogar aus dem hohen Norden.

„Schauen Sie sich die runden Gebäude auf dem Gelände an." Gonzales fuhr fort:

„Derartige Ruinen, Grabstätten und Festungen finden Sie nicht nur in Tarapoto, sondern auch weiter westlich in den Höhenlagen des Vorgebirges. Ähneln sie nicht auffällig den keltischen Ruinen in Europa? Und noch etwas: In den Sarkophagen, die wir ausgegraben hatten, befanden sich Mumien des nordischen Menschentyps: hohe Statur, schmales Gesicht, langer Schädel und helle Haare - wahrscheinlich Kelten!"

„In archäologischen Fachjournalen sind diese Funde nie erwähnt worden. Haben Sie noch nichts darüber veröffentlicht?", fragte Robert.

„Nein, noch nicht. Ich brauche mehr Beweise. Meine Kollegen in Lima halten nichts von der Theorie, dass die altamerikanischen Hochkulturen auf Wurzeln aus der Alten Welt zurückzuführen seien könnten."

Dass Robert hier archäologisches Neuland betreten hatte, versetzte ihn in Hochstimmung. Er begann, sich Notizen zu machen und mit seiner Leica von den Bauwerken und Fundstücken Fotos zu schießen.

„Wie lange werden Sie in Tarapoto bleiben, Señor Bose?", fragte Gonzales.

„Eine Woche, vielleicht ein paar Tage länger."

„Schade, dann haben Sie keine Zeit nach Kuelap zu fahren. Diese uralte Tempelstadt liegt ein paar

Tagesreisen von hier auf einem Hochplateau. Dort finden Sie noch gewaltigere Ruinen und über vierhundert Rundhäuser, umgeben von einer zwanzig Meter hohen Mauer. Gebaut wurden sie in der Vorinkazeit von den Chachapoya, den sogenannten Wolkenmenschen. Nach Angaben spanischer Chronisten soll dieses Andenvolk hochgewachsen und hellhäutig gewesen sein."

„Was ist aus den Wolkenmenschen geworden?"

„Niemand weiß das. Vielleicht wurden sie von den Inka versklavt oder vernichtet. Oder sie starben an eingeschleppten Krankheiten. Aber sicher leben auch noch einige ihrer Nachfahren hier."

Roberts Ehrgeiz war erwacht. Wenn es gelänge zu beweisen, dass die Inkakultur keltischen Ursprungs ist, wäre das eine wissenschaftliche Sensation. Und Himmler müsste nur noch davon überzeugt werden, dass Kelten und Germanen eine Art Brudervolk gewesen seien. Das wäre zwar historischer Unsinn, würde aber Himmlers abstruses Weltbild retten – und ihn vor dem Zorn des Reichsführers.

Mit der keltischen Kultur war Robert gut vertraut. Er hoffte, das Rätsel um die Wolkenmenschen eines Tages zu lösen. Hier in Tarapoto und Kuelap, zusammen mit Doktor Gonzales. Vielleicht würde Himmler eine zweite Expedition finanzieren. Beim Abschied am späten Nachmittag hatte Gonzales noch eine Empfehlung:

„Besuchen Sie morgen das Rathaus in Tarapoto, direkt am Marktplatz. Ich habe dort ein kleines Museum eingerichtet."

Am Abend saß Robert auf der Veranda vor der Cantina und trank einen Becher Matetee, dem der Wirt Coca-Blätter beigefügt hatte. Das Getränk übte auf ihn eine entspannende Wirkung aus. Wie immer, wenn er sich wohl fühlte, begann Traurigkeit in seine Seele zu kriechen. Er musste dann an Vicky, seine kleine Schwester, denken.

Er blickte in den rot gefärbten Abendhimmel und versuchte seine Wehmut zu verdrängen. Nicht jetzt, sagte er sich, dazu ist dieses Land zu schön. Er stellte sich vor, wie es wäre, hier zu bleiben. Was würde er vermissen? Ein Mädchen, das in Berlin auf ihn wartete, hatte er nicht, und seine Eltern waren schon lange tot. Seine Arbeit im Museum? Nicht besonders aufregend. Die wirtschaftliche und politische Situation in Deutschland? Düster.

Hör auf zu träumen, sagte er sich. In knapp drei Wochen würde er wieder in der Reichshauptstadt sein.

V

Der Bürgermeister selbst zeigte Robert die Fundstücke, die Doktor Gonzales in einem kleinen Raum ausgestellt hatte. Der alte Herr war erstaunlich sachkundig. Dass Lateinamerika schon in der Antike Besuch aus der Alten Welt gehabt hatte, hielt auch er für wahrscheinlich.

„Aber ich glaube nicht, dass es stimmt, was man sich bei uns so erzählt“, sagte er.

„Was erzählt man sich denn?“, fragte Robert.

„Manche sagen, dass tief im Dschungel blonde, blauäugige Menschen in einer versteckten Siedlung leben würden. Angeblich Nachfahren von weißen Göttern, die vor Tausenden Jahren in die Andenregion gekommen und später vor den Konquistadoren in den Regenwald geflohen seien. Doch das sind Gerüchte, die wir nur von den Indianern kennen. Gesehen hat die weißen Waldmenschen von uns noch niemand."

Robert war hellhörig geworden. „Wo soll denn diese Siedlung sein?", wollte er wissen.

„Etwa drei Tagesreisen von hier zu Fuß und per Kanu, Richtung Nordost. Dort, wo das Amazonas-Tiefland beginnt."

„Kann mich jemand dort hinführen?", fragte er. Seine Augen begannen zu leuchten.

Der Bürgermeister warnte ihn:

„Vergessen Sie es. Die Gefahr, sich im Regenwald zu verirren, ist auch für erfahrene Waldkenner groß. Zwei Regierungsbeamte, die sich kürzlich auf die Suche nach verschwundenen Kindern in die Wildnis begeben hatten, sind bis heute nicht wiederaufgetaucht. Giftige Insekten, Schlangen und die Macús haben schon so manchen das Leben gekostet."

„Macús? Sind das die schwarzen Jaguare?"

„Nein, Macús sind gefährlicher. Das sind verwahrloste Indianerbanden, die von allen sesshaften Stämmen verachtet werden. Sie ziehen ohne festen Wohnsitz mit Pfeil und Bogen durch die Wälder. Stoßen sie auf ein Dorf, rauben sie alles, was sie bekommen können. Sie schrecken auch vor Mord nicht zurück. Selbst in die

Nähe unserer Stadt haben sie sich gewagt, um Vieh zu stehlen."

Robert konnte das alles nicht ängstigen. „Wer könnte mich führen?", fragte er nochmals. „Ich bezahle gut." Das Geld in seiner Reisekasse würde sicher dafür reichen.

„Sprechen Sie mit Ramirez, dem Sohn vom Apotheker. Der kennt sich im Regenwald aus. Er besucht ab und zu Indianerdörfer, um Salz gegen Heilpflanzen einzutauschen. Ein wagemutiger Bursche. Vielleicht macht er es."

Robert ging sofort zur Apotheke, um Ramirez zu fragen. Und als der hörte, wie viel dabei für ihn herausspringen würde, sagte er nach kurzem Zögern zu:

„Lassen Sie uns gleich morgen aufbrechen, Señor Ramirez", schlug Robert vor. Ramirez war einverstanden.

Am nächsten Morgen begannen er und Ramirez den Abstieg hinunter zum Regenwald.

Ramirez, ein kräftiger junger Bursche, kannte das Gerücht von der geheimnisvollen Urwaldsiedlung. Er vermutete, dass die Siedlung unterhalb eines erloschenen Vulkans liegen könnte, dessen Gipfel bei wolkenfreiem Himmel von Tarapoto aus gut zu sehen war.

„Der fruchtbare Ascheboden am Fuß eines Vulkans erlaubt den Anbau von Mais, Bananen und Gemüse. Wenn es eine Siedlung gibt, dann dort", meinte Ramirez.

Der Abstieg mit ihren schweren Rucksäcken war äußerst mühsam. Unten angekommen, ging es weiter auf einem schmalen rutschigen Pfad durch den dichten

Dschungel bis zum Ufer eines Flusses. Sie bestiegen ein Kanu, das Ramirez immer für seine Fahrten zu den Indianern benutzte. Kurz vor Einbruch der Dunkelheit erreichten sie ein Urwalddorf, wo Ramirez vom Häuptling freundlich begrüßt wurde.

Die Nacht verbrachten sie als Gäste des Häuptlings in einem Langhaus im Dorfzentrum.

Kaum war die Sonne aufgegangen, machten sie sich wieder auf den Weg. Für ein paar Stunden begleitete sie noch ein Indianer.

Als aus den Bäumen das Geschrei aufgeregter Kapuzineräffchen zu hören war, erhoben sich Vögel aller Art in die Luft: Papageien, rote Ibisse, Reiher und Schwärme bunter Kolibris. Der Indianer führte sie an einen Wasserfall vorbei, der in eine von Palmen umstandene Lagune herabstürzte. Über dem Wasser flatterten Schwärme blauer Schmetterlinge

„Was für ein Paradies", dachte Robert, „wenn nicht diese elende feuchte Hitze wäre."

Der Dschungelpfad endete an einem träge dahinfließenden Fluss; hier kehrte der Indianer um. Robert und Ramirez überquerten das seichte Gewässer auf den runden Steinen, die aus dem Wasser herausragten.

Von jetzt an waren sie auf sich allein gestellt.

Am Ufer versperrte ihnen dichter Regenwald den Weg. Einen Pfad gab es nicht mehr; sie mussten sich mit ihren Macheten den Weg durch Lianen und Unterholz freischlagen. Die Richtung zeigte ihnen der Kompass von Ramirez an. Der Rucksack und der morastige Boden zehrten zunehmend an Roberts Kraft. Nur der

Erfahrung und dem Spürsinn von Ramirez verdankte er es, dass er nicht im Dickicht steckenblieb oder im Morast versank. Wenn es möglich schien, führte Ramirez ihn in dem hügligen Gelände in die höheren Lagen, in denen der Boden trockener und der Wald lichter war.

Am Abend spannten sie am Fuß eines der Riesenbäume ihre Hängematten auf. Rätselhafte Schreie und Laute drangen aus der Nachtschwärze zu ihnen und ließen sie kaum zur Ruhe kommen.

Endlich schien durch die Baumkronen die Morgensonne. Ramirez bereitete ihn beim Frühstück auf das Kommende vor:

„Bis hier war es fast ein Spaziergang, Señor. In einer halben Stunde brechen wir auf und steigen hinab ins Tiefland. Bald werden Sie verstehen, warum man den Regenwald die grüne Hölle nennt."

Nachdenklich aß Robert sein Bohnen-Chili auf. Ihn beschlich ein ungutes Gefühl. Er fragte sich, ob seine Entscheidung richtig gewesen war. Wenn sie nicht auf die Siedlung stießen, wären alle Strapazen umsonst gewesen und er hätte wertvolle Zeit vergeudet.

Ramirez merkte, dass Robert unschlüssig war.

„Noch können wir umkehren, Señor."

„Nein, wir gehen weiter." Er wollte nicht aufgeben.

Das war vor ein paar Stunden nach einem quälenden Marsch durch die grüne Hölle. Jetzt saßen die beiden Männer am Lagerfeuer und versuchten, sich etwas zu erholen. Robert hatte in die Flammen gestarrt und sich daran erinnert, was ihn in die Wildnis geführt hatte.

Diese verdammte Steintafel im Völkerkundemuseum, dachte er. Sie hatte ihn in dieses Abenteuer gebracht, von dem er hier im Regenwald nicht mehr sicher war, dass es gut ausginge. Erst Ramirez' Stimme ließ ihn aufhören, an die vergangenen Stunden, Tage und Wochen zu denken:

„Wir müssen weiter, Señor Bose!"

„Wann erreichen wir den Vulkan?", frage Robert.

„Wenn wir morgen Vormittag den Dschungel verlassen haben, liegt das Schlimmste vermutlich hinter uns. Danach würden wir fünf oder sechs Stunden durch Laubwald und Savanne zum Fuß des Vulkans marschieren. Genau kann ich es nicht sagen; für mich ist diese Gegend genauso neu wie – "

Mitten im Satz verstummte Ramirez und guckte Robert, der ihm am Feuer gegenübersaß, mit aufgerissenen Augen an. Sein Oberkörper fiel langsam nach vorn, so dass sein Kopf fast die Flammen berührte. In seinem Rücken steckte ein buntgefiederter Pfeil.

Entsetzt sprang Robert auf; im gleichen Moment schoss ein zweiter Pfeil knapp an ihm vorbei. Er war wie erstarrt. Dann rannte er ins dunkle Dickicht des Dschungels.

Etwa fünfzig Meter von ihrem Lagerplatz entfernt, fand er ein Versteck. Er hockte sich hinter einen umgestürzten Baumriesen und versuchte, wieder zu Atem zu kommen. Er zitterte am ganzen Körper, doch langsam ebbte das Panikgefühl ab.

Vorsichtig lugte er über den Baumstamm.

Er sah den Kerl. Ein Macú.

Trotz der Bäume und dichten Büsche vor ihm konnte er einen eingeschränkten Blick auf ihren Lagerplatz werfen. Ein Indio, nur mit einem Lendenschurz bekleidet, zog gerade mit einem Ruck den Pfeil aus dem Rücken von Ramirez. Kein Zweifel, der war tot. Der Indio setzte sich den Hut von Ramirez auf sein herabhängendes schwarzes verfilztes Haar und begann in aller Ruhe das Gepäck zu inspizieren. Die Beute schien für ihn zunächst wichtiger zu sein als die Suche nach Robert.

Plötzlich hielt er inne, als ob etwas seine Aufmerksamkeit erregt hätte. Er spähte genau in die Richtung von Robert. Dem stockte der Atem, als er sah, wie der Indio sich langsam mit Ramirez' Flinte und einer ihrer Macheten durch das Gebüsch den Weg bahnte. Er war jetzt nur noch etwa dreißig Meter von ihm entfernt.

Robert kauerte hinter dem Stamm, er wagte es nicht mehr, seinen Kopf zu heben.

Er merkte, wie in ihm Todesangst hochkroch. Zum Fliehen war es zu spät; er würde dem Macú nicht entkommen. Er kroch weiter unter den Baum und presste sich in die Erdmulde unter dem Stamm. Er glaubte, sein eigenes Herzklopfen zu hören.

Der Indio hatte sich seinem Versteck jetzt bis auf wenige Meter genähert. Sehen konnte er ihn nicht, aber er hörte ihn. Erst das Schlagen seiner Machete, dann seine Schritte. Robert spürte den starken Reflex aufzuspringen und wegzulaufen. Doch er wusste, dass der Fluchtversuch mit seinem Tod enden würde. Der Indio war von kräftiger Statur und mit der Flinte und einer Machete bewaffnet. Gegen ihn hätte er keine Chance.

Der Indio war jetzt so dicht an seinem Versteck, dass ihn seine Füße hätten berühren können. Robert schloss die Augen. Er konnte nicht mehr klar denken.

Der Indio drehte sich um und ging zurück zum Lagerplatz. Vorsichtig kroch Robert aus seinem Versteck. Er beobachtete, wie der Indio sich die Rucksäcke griff und im Regenwald verschwand.

Robert beschloss, noch bis zum Einbruch der Dunkelheit in seinem Versteck zu bleiben. Vielleicht würde der Kerl nur darauf warten, dass er zurück zum Lager ginge.

Viel hatte der Indio ihm nicht gelassen, keinen Proviant und noch nicht einmal eine Hängematte. Nur ihre Decken und eine Zeltplane.

Ramirez lag halbbekleidet auf dem Rücken; Jacke, Uhr und Kompass fehlten. Über Gesicht und Körper krochen Scharen kleiner schwarzer Käfer; zwischen Tod und Verwesung liegt im Regenwald nur eine kurze Zeitspanne.

Robert deckte den Toten zu und versuchte, ein kurzes Gebet zu sprechen, aber mehr als die ersten Wörter fielen ihm nicht ein. Er suchte sich einen trockenen Platz in der Nähe des Lagers und versuchte, etwas zu schlafen. Inzwischen war es Nacht geworden. Die Geräusche des Urwalds hörten auch in der Nacht nicht auf. Schließlich übermannte ihn die Erschöpfung und er fiel für kurze Zeit in einen unruhigen Schlaf.

Als die ersten Sonnenstrahlen durch die Baumwipfel drangen, erwachte er.

Kaum hatte ihn die Sonne erwärmt, brach ein heftiger Gewitterregen los. Nach einer halben Stunde war das Inferno vorbei. Dank der Wärme im Dschungel waren seine Sachen schnell wieder trocken.

Er überlegte, wie er weiter vorgehen sollte. Den Weg zurück würde er niemals schaffen. Er hatte nur eine Chance. Wenn er in die Richtung ginge, die Ramirez eingeschlagen hatte, müsste er in ein paar Stunden die Hochebene erreicht haben. Er hatte aber keinen Kompass. Also müsste er darauf achten, immer aufwärts zu gehen. So käme er aus der Regenwaldsenke heraus, dachte er.

Das Gelände war hügelig; es ging auf und ab. Bald wusste er nicht mehr, ob es wirklich aufwärts gegangen war. Er stolperte orientierungslos durch den dichten Dschungel und verlor zunehmend die Hoffnung, der Wildnis zu entkommen.

Am Abend war er mit seiner Kraft am Ende. Seit über vierundzwanzig Stunden hatte er nichts gegessen. Der Hunger begann, ihm die letzten Kraftreserven zu rauben. Er wusste, noch zwei oder drei Tage im Regenwald würde er nicht überleben. Er fand einen Felsen, so dass er sich nicht in den Morast legen musste. Doch es regnete fast ununterbrochen, schlafen konnte er nicht. Die ganze Zeit über kreischten Affen; als Antwort darauf schrie ein Vogel schrill und unaufhörlich. Diese zweite Nacht war noch schlimmer als die erste.

Am Morgen hatte der Regen aufgehört, aber immer noch fielen große Tropfen ununterbrochen von Blatt zu Blatt. Die Sonne, die kurz die Baumwipfel vergoldet hatte, verschwand und verbreitete ein diffuses Licht. Im aufsteigenden Nebel, von dem sich mächtige Lianen schwarz abhoben, wirkte der Urwald gespenstisch. Er dachte zum ersten Mal daran, einfach nur liegenzubleiben und auf den Tod zu warten. Vor seinem Auge tauchten Bilder aus der Vergangenheit auf, erst verschwommen, dann klar. Und plötzlich blickte er in das Gesicht von Vicky und hörte ihre Stimme: Wenn du dich und mich retten willst, musst du jetzt aufstehen, Robert! Das Gesicht seiner kleinen Schwester verblasste und er erkannte, dass er nicht aufgeben durfte. Ja, er musste weiter. Bliebe er liegen, würde er elendig sterben.

Mühsam erhob er sich. Er riss sich noch einmal zusammen und stolperte weiter. Immer wieder rutschte er auf einem bemoosten Ast oder den nassen Blättern auf dem morastigen Boden aus. Ausgleiten, hinfallen, aufstehen und weiterlaufen - so kämpfte er sich Schritt für Schritt durch das Dickicht. Seine Hände wurden von scharfrandigen Blättern und Stacheln zerschnitten, die zerschundenen Knöchel schmerzten. Seine Hose war inzwischen zerrissen und die Schuhe von den Dornen am Boden zerfetzt.

Nur weiter und nicht stehen bleiben, dachte er. Doch immer öfter musste er eine Pause einlegen. Dann, am Nachmittag, schöpfte er Hoffnung:

Das Dickicht hatte sich gelichtet und die tiefstehende Sonne das Halbdunkel des Dschungels verdrängt. Vor ihm erhob sich ein Hügel, der zur Spitze hin nur noch von Büschen bewachsen war. Mit großer Anstrengung schaffte er es, den Hügel zu erklimmen.

Oben angekommen, blickte er in ein weites Tal mit Palmenhainen und vereinzelten großen Laubbäumen, die wie Riesenpfeiler in den blauen Himmel ragten. Weit hinten, ganz am Ende des Tals erhob sich ein hoher kegelförmiger Berg, dessen Gipfel von Schleierwolken verhangen war – der Vulkan, an dessen Fuß Ramirez die geheimnisvolle Siedlung vermutet hatte.

Er hatte es geschafft; im letzten Moment war er der grünen Hölle entronnen.

So schnell er konnte lief er den Hang hinab und sank unter einem Baum am Rand eines Bachs erschöpft auf die Knie. Er musste hemmungslos weinen.

Plötzlich hörte er ein Geräusch und blickte nach oben. Ein paar kleine Makaken saßen auf einem Ast, äugten nach ihm und ergriffen mit schrillem Geschrei die Flucht. Jetzt sah er, dass an den Zweigen dicke grüne Früchte hingen, einige zum Greifen nah. Er pflückte sie und roch daran. Sie dufteten nach Zimt und Zitronen; es waren wilde Orangen. Ein Glücksfund! Die ersten Früchte verschlang er gierig mitsamt der Schale. Nach fünf, sechs Orangen war sein Hunger vorläufig gestillt. Ermattet ließ er sich ins Gras fallen. Er spürte, dass seine Lebensgeister zurückkehrten.

Wie soll es jetzt weitergehen?, fragte er sich. Bis zum Vulkan waren es bestimmt dreißig Kilometer. Und wenn es dort gar keine Siedlung gibt, wäre er verloren. Zurück in den Regenwald ginge er nicht mehr. Der Dschungel würde ihn töten.

Er war zu müde, um weiter nachzudenken. Er fiel in einen tiefen Schlaf.

Er träumte, dass ein schwarzer Jaguar um ihn herumschliche. Die Raubkatze blickte ihn aus rotglühenden Augen an und fauchte ihn mit weit aufgerissenem Maul an. Mit seiner Tatze stieß der Jaguar immer wieder gegen seine Füße. Die Stöße wurden heftiger und Robert, noch starr vor Angst, erwachte.

Vor ihm stand ein hochgewachsener Mann in einem langen weißen Umhang mit einer tief ins Gesicht gezogenen Kapuze. Mit einem Stab stieß der Fremde immer wieder gegen seine Füße. Im ersten Moment glaubte Robert, noch zu träumen, doch der Mann war Realität. Robert blickte ihn entgeistert an.

Er redete den seltsamen Menschen an. Auf Spanisch, auf Englisch – doch der Mann reagierte nicht darauf. Robert versuchte es mit dem einzigen Satz, den er auf Quetchua beherrschte:

„Yau napaykuyki" – Sei gegrüßt, mein Freund.

Über das Gesicht des Mannes huschte ein Lächeln. Er antwortete, vermutlich auf Quetchua, doch Robert verstand natürlich kein Wort.

Der Mann zog die Kapuze zurück. Er war jung, sein Haar war dunkelblond und seine Augen blau. Er musterte Robert und erkannte seinen jämmerlichen Zustand. Er machte eine Handbewegung, die bedeutete, ihm zu folgen. Langsam ging er voraus. Wahrscheinlich ein Hirte, dachte Robert als erstes. Egal, Hauptsache, es würde bald etwas Anständiges für ihn zu essen geben.

Nein, ein Hirte ist das nicht, war er sich sicher. Er hatte bereits einen Verdacht, wer der Bursche sein könnte.

VI

Robert folgte dem jungen Mann auf einem Pfad entlang des Bachs. Nach ein paar Kilometern führte sie der Weg zurück in den Regenwald.

Sie stießen in das Dickicht vor – und befanden sich vor einer großen gerodeten Waldfläche mit rund drei Dutzend strohgedeckter Holzhäuser. Die Häuser bildeten einen Halbkreis um eine halb verfallene steinerne Stufenpyramide, die ungefähr eine Höhe von zehn Metern hatte und deren Spitze weggebrochen war. Hinter und neben den Häusern erstreckten sich Gehege mit Lamas und Felder, die bis zum Rand des Regenwalds reichten. Um das ganze Areal der Siedlung zog sich ein Palisadenzaun aus oben zugespitzten Pfählen. Robert und der Jüngling betraten die Siedlung durch ein großes offenes Tor.

Vor den Häusern und hinten auf den Feldern arbeiteten Männer und Frauen oder standen in kleinen Gruppen zusammen. Soweit Robert es erkennen konnte, war kaum einer über dreißig. Einige trugen weiße oder graue Kapuzenumhänge, die anderen waren wie peruanische Bauern gekleidet – mit langen Hosen, Ponchos in kräftigen Farben, schwarzen Hüten oder bunten Strickmützen.

Das Bild, das sich Robert bot, war für ihn so unwirklich, dass er am Tor überrascht stehen blieb. Inzwischen hatten die Menschen in der Siedlung ihn entdeckt und blickten erstaunt zu ihm herüber. Eine Horde Kinder kam auf ihn zu gerannt, machte aber in einigem

Abstand vor ihm eingeschüchtert Halt. Viele hatten blaue Augen und blonde oder dunkelblonde Haare.

Robert war in der Siedlung der sogenannten weißen Waldmenschen, von der der Bürgermeister gesprochen hatte. Es ist also doch nicht nur ein Gerücht, dachte er. Mein Gott, das ist unglaublich.

Ramirez hatte sich geirrt. Die Siedlung befand sich nicht am Fuß des Vulkans, sondern hier am Rand des Dschungels. Ein besseres Versteck als im Regenwald konnte es nicht geben.

Robert dachte daran, dass diese Entdeckung ihm fast das Leben gekostet hätte. Und welches Ende sein Abenteuer nehmen würde, war höchst ungewiss. Aber die Neugier des Forschers war jetzt größer als irgendwelche Bedenken. War er hier tatsächlich unter Nachfahren der Kelten? Vielleicht bei den letzten der Wolkenmenschen, der Chachapoya?

Der Jüngling führte ihn durch die neugierige Menge direkt zum Platz vor der Pyramide. Dann verschwand er in der Ruine.

Mittlerweile war die Dunkelheit hereingebrochen; mehrere Feuerschalen beleuchteten die Szenerie. Zu der Plattform, von der aus sich die Pyramide erhob, führten ein paar Stufen zu einem offenen Eingang. Zu erkennen war nichts, aus dem Inneren drang nur schwach flackerndes Licht.

Aus dem Eingang trat ein großer Mann, über dessen mächtigen Bauch sich ein roter Umhang spannte. Der Mann blieb auf der Plattform stehen. Hinter ihm standen der Jüngling, der ihn gefunden hatte, und eine junge

Frau in einem langen weißen Gewand. Der Mann im roten Umhang hatte einen kahlen Kopf und ein rundliches Gesicht mit kleinen, lebhaft blickenden Augen. Er winkte Robert zu sich heran.

Robert stieg die paar Stufen zur Pyramide hoch und folgte dem Mann und seinen Begleitern ins Innere. Im Licht einiger Wandfackeln sah er, wie die Drei auf thronartigen Holzsesseln Platz nahmen. Mit einer Handbewegung bat ihn der Mann, der in der Mitte saß, sich auf einen der Hocker vor den Holzsesseln zu setzen. Robert schätzte den Mann auf etwa Sechzig.

Noch hatte keiner ein Wort gesprochen; auch Robert schwieg. Er war noch zu verwirrt, um irgendwelche sinnvollen Fragen stellen zu können.

Die junge Frau stellte auf den Tisch vor Robert Maiskuchen, Früchte und eine Wasserkaraffe ab und lächelte ihm auffordernd zu. Erst jetzt merkte er, wie hungrig er war, und griff sofort zu. Noch während er aß, fing der Mann zu reden an:

„Ich bin Nurdin, der Priesterkönig von Asegot", sagte er auf Spanisch. „Die jungen Menschen neben mir sind mein Sohn Woto und Freda, eine unserer sechs Priesterinnen. Woto haben Sie ja bereits kennengelernt."

Der Priesterkönig hatte eine sanft klingende Stimme. „Woher kommen Sie?", fragte er.

„Mein Name ist Robert Bose. Ich bin Archäologe am Berliner Völkerkundemuseum und hatte in Tarapoto von einer Siedlung gehört, in der Nachkommen von Eroberern aus dem Norden Europas wohnen würden. Ich habe mich auf die Suche gemacht und wurde im

Dschungel von einem Waldindianer, einem Macú, überfallen. Mein Führer wurde dabei getötet. Auf meiner Flucht habe ich mich verirrt – bis mich Woto gefunden hat."

„Sie haben großes Glück gehabt, Señor Bose. Unsere Väter hatten noch jeden Fremden, der durch Zufall auf Asegot gestoßen war, sofort getötet. Sie wollten unentdeckt bleiben und im Einklang mit der Natur und den Göttern ungestört leben. Und das wollen wir auch. Wir werden Sie nicht töten, müssen aber darauf bestehen, dass Sie bei uns bleiben. Und zwar für immer."

Robert blickte den Priesterkönig fassungslos an. Er konnte nicht glauben, was er gerade gehört hatte.

„Vergessen Sie jeden Fluchtgedanken, Señor. Allein würden Sie den Weg durch den Dschungel niemals finden. Und jenseits des Vulkans erstreckt sich endlos die Wüste. Sollten Sie dennoch einen Fluchtversuch unternehmen, würden wir Sie töten. Aber Sie werden sehen, das Leben hier ist sehr angenehm. Sie sind uns willkommen, frisches Blut können wir gut gebrauchen."

Der Priesterkönig stand auf und zeigte damit, dass die Audienz beendet war. Er hatte etwas Herrisches an sich. Er schien es gewohnt zu sein zu befehlen – und auch, dass man seinen Befehlen gehorchte.

„Und nun wird Sie Freda zu Ihrer Unterkunft bringen. Sie müssen sehr müde sein. Morgen früh führe ich Sie durch Asegot."

Die junge Frau geleitete Robert zu einer Hütte hinter der Pyramide. Ihm steckte noch immer der Schrecken über die Warnung des Priesterkönigs in den Knochen.

Ich muss sehen, dass ich hier wegkomme, dachte Robert, es muss einen Weg durch den Regenwald geben. Und Nurdin wird ihn kennen. Dann schlief er auf seiner Matte erschöpft ein.

Am Morgen ging Nurdin mit Robert zu den Feldern hinter den Häusern. Er trug einen dünnen Poncho, der in der Hütte für ihn bereitgelegen hatte. Von allen, denen sie begegneten, wurden sie respektvoll gegrüßt. Um Nurdins Hals hing an einer Halskette ein sichelförmiges goldenes Brustschild, in das eine Sonne getrieben war – ein Symbol, das Robert von germanischen Runensteinen kannte.

„Die Bewohner von Asegot versorgen sich selbst, vermute ich", sagte Robert.

„Ja, wir ernähren uns durch Ackerbau, von Mais, Früchten und Gemüse, Süßkartoffeln und vor allem von Maniokwurzeln, aus deren Mehl wir unser Brot backen." Nurdin hob vom Boden eine Handvoll Erde auf. „Sehen Sie, mein Freund, die schwarze Erde ist so fruchtbar, dass wir mehrmals im Jahr ernten können. Der Palisadenzaun schützt unsere Pflanzungen vor räuberischem Wild wie Tapir, Beutelratte und Rüsselschwein. Waldindianer lassen sich hier nicht blicken, sie fürchten den Zorn unserer Götter. Unsere Lamas liefern uns Milch und Wolle und, wie unsere Hühner und Kaninchen, Fleisch. Und die Flüsse hier sind voller Fische. Wir leben fast völlig unabhängig von der Außenwelt. Nur in Ausnahmefällen besucht einer meiner Söhne Tarapoto, natürlich inkognito."

Robert hörte mit Erleichterung, dass es also tatsächlich einen Weg zurück gab.

„Verzeihen Sie meine Neugier", sagte Robert. „Seit wann gibt es Asegot? Und wer sind die Menschen, die hier leben? In Tarapoto war die Rede von weißen Wolkenmenschen."

Statt die Fragen zu beantworten, führte ihn Nurdin auf den Platz hinter der Pyramide.

„Kommen Sie. Ich möchte Ihnen etwas zeigen."

Sie standen jetzt dicht vor einer mannshohen Säule aus Basaltgestein, in die ein stilisiertes Schiff eingeritzt war – an den Rändern der Säule befanden sich Schriftzeichen, die germanischen Runen ähnelten.

Für Robert stand es jetzt fest: Wikinger, Kelten, Karthager und vielleicht auch Ägypter könnten lange vor Kolumbus Amerika besucht und ihre Spuren hinterlassen haben. Dass die antiken Völker die Seefahrt beherrschten und in der Lage waren, transatlantische Entdeckungs- und Handelsfahrten zu machen, bezweifelte er seit seinem Besuch der Ruinen von Tarapoto nicht mehr. Die Theorie, dass allein nordische „Arier" als vom Weltgeist auserwählte Kulturschöpfer die Entwicklung der Menschheit in Gang gesetzt hätten, war für ihn aber absolut lächerlich.

Nurdin erläuterte ihm, was die Schriftzeichen auf der Stele bedeuteten:

„Diese Säule ist so etwas wie unsere Chronik, sie erzählt unsere Geschichte. Wir sind die letzten Nachfahren eines germanischen Stamms, der in grauer Vorzeit über das Meer in dieses Land kam und es besiedelte.

Später wurden die Kolonisten von den aufstrebenden einheimischen Völkern besiegt und in den Regenwald verdrängt. So wurde es uns über Generationen hinweg überliefert. Nur Asegot überdauerte die Zeit der Verfolgungen. Wenn wir nicht versteckt leben würden, wären wir und unsere Kultur längst ausgelöscht worden. Verstehen Sie, warum wir keinen Kontakt zur Außenwelt möchten, Señor?"

Robert nickte. Er musste mehr über Asegot erfahren.

„Ich habe hier hellhäutige und blonde Indios gesehen, sind das Nachfahren der Nordmänner?", fragte er.

„Ja, sie sind aus Verbindungen mit den echten Nachfahren hervorgegangen und von uns aufgenommen worden. Direkte Nachfahren gibt es nur noch wenige. Ich bin einer von ihnen; die Linie meiner nordischen Vorfahren reicht Jahrhunderte zurück. Den Herrschertitel habe ich von meinem Vater geerbt, und der von seinem Vater und so weiter. Und nach meinem Tod wird einer meiner Söhne das Amt übernehmen."

„Und welcher, der älteste?", wollte Robert wissen.

„Der Sohn, der zeigen kann, dass er über die magischen Kräfte verfügt, die den Priesterkönigen von Asegot seit eh und je von den Göttern verliehen werden. Unsere Herrscher sind auch immer Heiler und Magier.

„Druiden?", fragte Robert.

„Ja, so nannte man sie damals in Nordeuropa."

Nurdin zog sich in sein Haus hinter der Pyramide zurück. Es war das einzige Steinhaus in Asegot und größer als die Holzhäuser. In Begleitung von Freda setzte Robert seinen Rundgang durch Asegot fort.

Freda hatte ihre Kapuze zurückgeschlagen, und jetzt im Tageslicht sah er, dass sie braune Augen hatte, dunkelblondes gelocktes Haar und das offene, unschuldige Gesicht eines Kindes. Als Freda ihn anlächelte, fühlte er einen Stich im Herzen. Sie erinnerte ihn an Vicky – und wie so oft musste er an den Sommertag vor zehn Jahren denken:

Es war damals schon am Morgen heiß, und Robert wollte mit ein paar Freunden zum Wannsee fahren. Ball spielen, schwimmen und was Jungs sonst im Alter von zwölf und dreizehn noch so tun, wenn sie am Strand sind. Vicky quengelte so lange herum, bis sie mitgehen durfte. „Lass deine Schwester nicht aus den Augen, Robert", ermahnte ihn seine Mutter. Vicky war gerade sechs geworden. Robert passte am Strand auf Vicky auf – bis ihn seine Freunde zum Fußballspiel überredeten. „Bleib auf der Decke bis ich wieder da bin. Und gehe nicht ans Wasser", schärfte er ihr ein. Vicky nickte und lächelte. So, wie jetzt Freda gelächelt hatte.

Er war nur eine halbe Stunde weggeblieben. Vicky war nicht zu sehen. Er suchte den ganzen Strand nach ihr ab, ohne Erfolg. Inzwischen halfen ihm auch seine Freunde. Roberts Angst steigerte sich zur Panik. Einige Erwachsene wurden auf die rufenden Jungen aufmerksam und alarmierten die Rettungsstation am Ende der Badebucht. Die Rettungsschwimmer fuhren mit dem Ruderboot den ganzen Uferbereich ab. Vicky blieb verschwunden.

Am nächsten Tag entdeckte die Wasserschutzpolizei Vicky hundert Meter von der Badebucht entfernt im

Schilf. Schmerz und Schuldgefühl sollten ihn nie mehr verlassen.

Freda ist meine einzige Chance, aus Asegot zu fliehen, dachte Robert. Ohne ihre Hilfe komme ich hier nicht weg. Ich muss ihr Vertrauen gewinnen.

Unweit der Siedlung hatte sich der Bach zu einem schnell fließenden Fluss verbreitert. Robert setzte sich mit Freda ans Ufer und blickte zum Vulkan, der sich in der Abendsonne rot verfärbte.

„Bist du in Asegot geboren, Freda?" „Ja, ich lebe hier seit meiner Geburt vor siebzehn Jahren."

Wieder musste er an Vicky denken. Sie wäre jetzt ungefähr im gleichen Alter wie Freda.

„Und lebst du gern hier?"

„Natürlich. Ich bin mit Nurdin einmal in Tarapoto gewesen. Die Stadt hat mir Angst gemacht. Er hat gesagt, dass es noch sehr viel größere Städte gibt. Die Menschen würden dort wie in einem Ameisenhaufen wohnen und sich manchmal sogar gegenseitig umbringen. Ich bin froh, hier in unserer Gemeinschaft leben zu können, unter der Obhut von Nurdin. Und du bist sicher auch froh, jetzt bei uns sein zu dürfen, oder?"

„Nun, es gibt über die Welt draußen mehr zu sagen, als das, was du von Nurdin weißt", sagte Robert. „Es existiert nicht nur das Schlechte und Böse, sondern auch das Gute und Schöne. Man nennt es Kultur."

„Kultur? Was ist das?", wollte Freda wissen.

„Kultur, das sind die Kunstwerke, die uns ahnen lassen, dass wir Geschöpfe Gottes sind", antwortete

Robert. „Poesie und Philosophie sind Kultur. Die wissenschaftlichen und technischen Leistungen, die die Lebensbedingungen der Menschen verbessern, sind Kultur. Und Kultur sind auch die Regeln, die sich Menschen gegeben haben, um frei und selbstbestimmt leben zu können."

„Aber warum gibt es Hass und Kriege?" Freda blickte ihn fragend an – und wieder erinnerte sie ihn an Vicky.

„Weil die Menschen sich leicht verführen lassen. Sie erkennen nicht immer, dass sie für ihre Freiheit und Würde selbst verantwortlich sind und manchmal dafür kämpfen müssen."

Freda war verwirrt. Zum ersten Mal spürte sie den Wunsch, ihr Leben selbst in die Hand zu nehmen und die fremde Welt jenseits von Asegot kennenzulernen.

Robert unterbrach ihr Schweigen mit einer Frage:

„Freda, du bist eine der sechs Priesterinnen. Wer kann Priesterin werden?"

„Jede Frau, die hier lebt. Die Götter sagen Nurdin, welche Frau er auswählen soll."

„Und was macht eine Priesterin?"

„Wir schenken unserem Priesterkönig Nachkommen", antwortete Freda.

Robert verschlug es die Sprache.

„Heißt das, alle Priesterinnen sind mit Nurdin verheiratet?"

„Nein, nicht verheiratet. Immer, wenn die Götter ihm ein Zeichen geben, bestimmt er eine von uns, die mit ihm die Nacht verbringen darf."

„Wie oft geben die Götter ihm ein Zeichen?“, wollte er wissen.

„Manchmal mehrmals in der Woche, manchmal nur ein- oder zweimal im Monat. Für jede ist es eine große Ehre, von ihm ausgewählt zu werden.“

„Und wenn eine Priesterin schwanger wird, was dann?“

„Dann muss sie einer Nachfolgerin weichen. Sie darf dann einen Mann aus Asegot heiraten.“

„Wie viele Nachkommen hat denn euer Priesterkönig?“, fragte er weiter.

„So etwa dreißig, vielleicht auch mehr.“

„Hatte dich Nurdin auch schon mal für eine Nacht ausgewählt?“ „Nein, bisher noch nicht.“

Robert konnte es nicht fassen. Nurdin hielt sich einen Harem junger, schöner Frauen, über den er nach Belieben verfügte. Das vermeintliche Paradies hatte seine ersten dunklen Seiten offenbart.

„Ist Roberto dein Name auf Spanisch? fragte Freda. „Darf ich dich so nennen?“

„Natürlich, Freda.“ Er spürte, dass sie ihm vertraute.

„Freda, ich kann nicht in Asegot bleiben“, sagte Robert. „Du musst mir zeigen, wie ich wieder zurück nach Tarapoto kommen kann.“

„Das ist unmöglich. Nurdin würde es merken.“

„Ich werde sehr vorsichtig sein.“

Freda schüttelte den Kopf.

„Das nutzt nichts. Nurdin ist allwissend.“

„Allwissend? Was heißt das?“

„Die Götter haben ihm magische Kräfte verliehen.“

Am Abend sollte Robert erfahren, was Freda damit meinte.

VII

Die Sonne verschwand hinter der Bergkette am Ende des Tals, und fast übergangslos brach die Nacht herein. Vor der Pyramide hatten sich die Bewohner von Asegot versammelt. Ganz vorn saßen vier junge Frauen, fast noch Mädchen, auf einer steinernen Bank. Feuerschalen beleuchteten die Plattform vor der Pyramide.

Robert stand mit Freda inmitten der Menge und erwartete den Beginn der Zeremonie.

„Heute wählt Nurdin unter den vier Frauen eine neue Priesterin aus. Die Götter werden ihm zeigen, welche“, flüsterte Freda.

Aus dem Eingang der Pyramide trat Nurdin heraus und breitete die Arme aus. Seine Augen waren zum Nachthimmel gerichtet. Sein Gesicht hielt er hinter einer goldenen Maske verborgen. Aus dem Innern der Pyramide ertönten Trommelschläge.

Die Maske hatte eine dreieckige Form, zum Kinn hin verjüngte sie sich. Große Augenlöcher und der ausgesparte Mund verliehen ihr etwas Furchterregendes. Seitlich herunterhängende Zöpfe und ein geflochtener Kinnbart waren kunstvoll aus dem Gold herausgearbeitet.

Mein Gott, das ist die berühmte Moergard-Maske der Wikinger, das ist sensationell, dachte Robert. Man kannte sie nur als in Fels gehauene Abbildung auf einigen Runensteinen in Dänemark. Dies hier war das Original. Die Maske sollte die Wikinger auf ihren Wegen beschützen.

Was dann geschah, raubte Robert den Atem:

Nurdin ging auf die vier Frauen zu, die auf der Bank saßen, und blickte sie durchdringend an. Eine der Frauen erhob sich, und Nurdin führte sie auf die Plattform vor dem Pyramideneingang. Er berührte ihre Stirn, sie sackte zusammen, und behutsam legte er sie auf den Boden. Nurdin stand vor ihr, breitete die Arme über sie aus - und plötzlich begann sie in der Luft zu schweben.

Durch die Menge ging ein Raunen. Nurdin ließ die Frau langsam wieder nach unten schweben. Er half ihr aufzustehen und begann mit ihr zusammen einen monotonen Singsang, in den die Menge einstimmte. Im Rhythmus des Gesangs schaukelten nach und nach alle wie in Trance mit ihren Oberkörpern.

Plötzlich war wie auf ein Zeichen alles still. Nurdin geleitete die gekürte Priesterin in das Innere der Pyramide.

Was war das gewesen? Magie?, fragte sich Robert benommen.

Nein, das war keine Magie, sagte er sich, als er wieder hellwach war. Er glaubte nicht an Zauberei. Jeder gute Magier beherrschte den Trick mit der schwebenden Jungfrau. Er hatte ihn als Kind mit seinen Eltern im Berliner Varieté Wintergarten selbst schon einmal gesehen. Der Große Houdini hatte dort die schwebende Jungfrau sogar noch unter einem Tuch verschwinden lassen.

Robert hätte zu gern an den Mythos von den letzten Nachfahren eines germanischen Stammes geglaubt, doch für ihn war jetzt klar, dass der Priesterkönig ein Scharlartan war. Ein Betrüger und ein Unhold!

Nurdin muss vor vielen Jahren in Peru von der Pyramide im Dschungel erfahren und dort auch die nordischen Goldrelikte gefunden haben. Mit einer oder gar mehreren sehr jungen Frauen gründete er dann Asegot, vermutete Robert. Die heutigen Bewohner waren also Nurdins Frauen, seine Kinder und junge Anden-Indios, die er zu willigen Jüngern erzogen hat. Dass er Menschen mit seinen Zaubertricks in seinen Bann ziehen kann, hatte Robert ja gesehen. Sicher floss in einigen das Blut europäischer Vorfahren, vielleicht sogar das von Kelten. Doch dass es direkte Nachfahren der weißen Wolkenmenschen seien, war ein Märchen.

Inzwischen dürfte es zwei oder drei hier geborene Generationen geben, die wie Freda die wahre Geschichte von Asegot nicht kannten, nahm Robert an. Ältere Menschen gab es mit Ausnahme von Nurdin in der Siedlung nicht.

Als er daran dachte, welches Schicksal Freda erwarten würde, überkam ihn die Wut auf den „Priesterkönig", der hier wie eine fette Made im Speck lebte.

Seit Robert vor zehn Jahren versäumt hatte, auf seine kleine Schwester achtzugeben, quälte ihn die Schuld. Diesmal durfte er sich der Verantwortung nicht entziehen. Freda brauchte seine Hilfe. Er musste sie vor Nurdin retten, selbst wenn es sein Leben kosten sollte. Er wollte dem Spuk ein Ende bereiten. Sofort!

Im Schutz der Dunkelheit schlich er sich zu Nurdins Haus und öffnete langsam die Tür. Im Innern spendete glühende Holzkohle in einer Feuerschale ein schwaches Licht. Er war sich sicher, dass Nurdin noch eine Weile mit der neuen Priesterin in der Pyramide bleiben würde.

Er wusste nicht, wonach er suchte, hoffte aber, irgendwelche Hinweise zu finden. An der hinteren Wand stand eine Truhe, über der an einem Haken ein breitkrempiger Hut hing. Für Robert bestand kein Zweifel – es war der Hut von Ramirez! Hielt sich der Macú, der Ramirez getötet hatte, etwa in Asegot auf? Robert spürte Angst in sich hochsteigen. Er wollte schnell verschwinden, doch zuvor einen Blick in die Truhe werfen.

Ganz oben lag ein zusammengerolltes farbiges Plakat, das das runde Gesicht eines Mannes mit kleinen funkelnden Augen zeigte. Auf dem Kopf trug er einen Turban. Der Mann auf dem Plakat war Nurdin, nur ein paar Jährchen jünger. „Fürst Raja. Hypnotiseur, Magier, Hellseher. Einzige Vorstellung am 21. Juni 1909 im Kulturpalast von Leipzig“ war in fetten Lettern auf dem Plakat zu lesen. Das passt ja zu diesem falschen Priesterkönig, dachte Robert noch, als ein Geräusch ihn sich umdrehen ließ. In der Tür stand Nurdin – und neben ihm der Macú.

Beide blickten ihn überrascht an. Der Macú trug einen Lendenschurz und über dem nackten Oberkörper die Uniformjacke eines Polizeioffiziers, mit Schulterklappen und Rangabzeichen. An seiner Hüfte baumelte eine Machete, die er jetzt in die Hand nahm. Der Macú hat nicht nur Ramirez getötet, sondern auch die beiden verschwundenen Regierungsbeamten, schoss es Robert durch den Kopf. Der Macú würde nicht zögern, auch ihn zu töten, sollte er versuchen zu fliehen.

„Ich sehe, Sie haben das Plakat gefunden, Herr Bose. Ich hätte es wegwerfen sollen", sagte Nurdin - auf Deutsch. „Und Sie hätte ich gleich nach Ihrer Ankunft töten lassen sollen. Nun, ich werde das morgen nachholen; Sie werden den Opfertod sterben." Nurdin lächelte. „Nehmen Sie es bitte nicht persönlich. Aber ich muss Asegot vor Verrätern schützen. Mein Indianerfreund unterstützt mich dabei. Er hat bereits so manchen neugierigen Zeitgenossen, der uns besuchen wollte, in die ewigen Jagdgründe geschickt ..."

Nurdin schien seine Rolle als Herrscher über Leben und Tod zu genießen und redete weiter:

„... und er führt uns immer wieder Indiokinder zu, die bei uns aufwachsen und hier besser leben als in ihren armseligen Dörfern. Ich sagte Ihnen ja, dass wir frisches Blut brauchen." Nurdin kicherte. „Ich kann das beim besten Willen ja nicht allein schaffen."

Der Kerl ist verrückt, dachte Robert. Selbst vor Entführung und Mord scheut er nicht zurück, um seine Herrschaft zu sichern. Roberts Angst wurde größer, doch er bemühte sich, ruhig zu wirken.

„Töten Sie mich doch gleich. Warum wollen Sie bis morgen warten?", fragte er provozierend.

„Nur Geduld, Herr Bose. Ihr Tod soll etwas Besonderes sein. Eine Zeremonie, die den Zusammenhalt unserer Gemeinde weiter stärken wird", antwortete Nurdin und lächelte dabei diabolisch.

„Auch wenn Sie mich von Ihrem Bluthund töten lassen; Sie werden dennoch nicht davonkommen. Eine Polizeipatrouille ist auf der Suche nach den verschwundenen Regierungsbeamten bereits unterwegs. Machen Sie sich keine Hoffnung. Man wird Asegot finden und Sie Ihrer gerechten Strafe zuführen."

Der Bluff wirkte. Nurdin schien verunsichert zu sein. Er gab zwei vor der Tür wartenden Indios ein Zeichen. Die beiden führten zusammen mit dem Macú Robert in seine Hütte. Sie legten ihm dort Hand- und Fußfesseln an und zogen sie so fest, dass es schmerzte.

Robert lag die ganze Nacht wach. An Flucht war nicht zu denken, selbst wenn er sich von den Fesseln befreien könnte. Die Hütte wurde von den beiden Indios bewacht. Auch aus Tarapoto wäre keine Rettung zu erwarten. Niemand vermisste ihn dort. Kehrte er nicht zurück, würde man annehmen, er und Ramirez seien wie die beiden Regierungsbeamten im Regenwald umgekommen.

Robert wusste, dass Nurdin ihn beseitigen musste; er konnte ihn nicht ewig hier gefangen halten. Ihm fielen die blutigen aztekischen Rituale ein: Mit dem Blut der aus der Brust der Opfer herausgerissenen Herzen meinten die Azteken, ihren Regengott besänftigen zu können …

Als einzige Hoffnung blieb Freda. Ob sie ihn retten könnte? Ihm wurde schnell klar, dass das eine Illusion war. Denn warum sollte sie das tun? Sie erinnerte ihn zwar an Vicky, doch sie war ja nicht seine Schwester. Er wusste nicht einmal, ob er ihr wirklich vertrauen könnte. Freda hatte sich wie alle anderen Nurdin total ausgeliefert. Seine Untertanen würden sich von ihm sogar auf die Schlachtbank führen lassen.

Mit jeder Stunde wuchs seine Angst vor dem morgigen Tag.

VIII

Als die Morgensonne begann, durch die Ritzen der Hütte zu scheinen, drang aufgeregtes Schreien zu Robert herüber. Er erhob sich von seinem Lager und humpelte mit den gefesselten Füßen zur Wand. Durch das kleine Fenster sah er, dass seine Bewacher verschwunden waren. Auf dem Platz vor der Pyramide hatten sich die Bewohner von Asegot versammelt. In dem allgemeinen Tumult war nicht zu verstehen, was der Lärm zu bedeuten hatte.

Plötzlich ging die Tür auf und Freda stürzte herein.

„Freda, was ist los?“, rief er. „Muss ich jetzt sterben?“

„Nein, es geht nicht um dich. Etwas Schreckliches ist geschehen. Nurdin ist weg. Er wurde beobachtet, wie er im Morgengrauen in Begleitung eines Waldindianers Asegot verlassen hat. Er hatte einen großen Rucksack dabei. Warum nur hat er das getan?“

Mit einem Messer durchschnitt Freda die Fesseln, während über ihre Wangen Tränen rollten.

Robert war dagegen unendlich froh. Er hatte mit seinem Leben schon abgeschlossen, und nun gab es diese unerwartete Wendung. Er atmete tief durch; er brauchte eine Weile, bis er wieder sprechen konnte.

„Wie sollen wir ohne ihn hier weiterleben? Warum hat er das getan?", wiederholte Freda ihre Frage.

Es gab für Robert nur eine Erklärung: Sein Bluff hatte funktioniert; Nurdin fürchtete, von der Polizei in Asegot aufgespürt zu werden, und war geflohen.

Robert wurde klar, dass Asegot ohne Nurdin nicht weiter existieren könnte. Er hatte die Bewohner zur Unselbstständigkeit erzogen. Trotz des abartigen Priesterinnenkults waren sie ihm hörig geworden.

Er versuchte, Freda die Situation zu erklären.

„Es gibt keinen Grund, traurig zu sein, Freda. Ihr habt heute eure Freiheit wiedergewonnen. Nurdin hat euch beherrscht, er hat euch unmündig gemacht und euer Vertrauen missbraucht. Was ihr jetzt braucht, ist der Mut, selbstständig zu denken und zu handeln."

„Wie lernt man es, selbstständig zu sein. Brauchen die Menschen nicht einen starken, wissenden Führer, der ihnen den Weg zeigt?"

Was sollte Robert antworten? Er war ja kein Philosoph.

„Bei einem Führer ist die Gefahr groß, dass er aus Eigennutz, Eitelkeit oder Bösartigkeit den falschen Weg weist, Freda. Es ist besser, sich selbst zu vertrauen und seinem Gewissen zu folgen. Das ist nicht immer leicht, aber der Lohn ist das höchste Gut des Menschen, die Freiheit."

Robert musste daran denken, dass auch Deutschland dabei war, in die Unmündigkeit zu versinken und sich einem Diktator zu unterwerfen. Die Verführbarkeit der Menschen schien auf der ganzen Welt gleich zu sein.

Ob er Freda überzeugen konnte? Zumindest sah er, dass sie nachdenklich geworden war. Doch jetzt war es höchste Zeit, Asegot zu verlassen.

„Freda, bitte zeige mir den Weg zurück nach Tarapoto. Und komm mit mir. Wir können dort mit dem Bürgermeister darüber reden, wie er euch helfen kann, aus Asegot eine Gemeinschaft freier mündiger Bauern zu machen."

Freda blickte ihn lange an. Sie wirkte plötzlich sehr erwachsen.

„Ich werde dich zurückbringen, das verspreche ich. Warte unten am Flussufer auf mich."

Robert suchte noch einmal das Haus von Nurdin auf. Kleidung, Bücher, Kisten – alles lag über den ganzen Boden verstreut.

In einer Ecke, unter den Priestergewändern, blinkte das Brustschild mit dem stilisierten Sonnenrad hervor. Nurdin schien in der Eile vergessen zu haben, es mitzunehmen. Woher das Schild auch stammt, es gehört in ein Museum, sagte sich Robert und nahm es an sich. Die goldene Maske fehlte, die hatte Nurdin nicht zurückgelassen. Mit dem Wert des Goldes könnte Nurdin sich ein schönes Taschengeld für seine Flucht verschaffen, ging es ihm durch den Kopf.

Dann kramte Robert noch eine vergilbte Zeitungsseite vom 17. Januar 1911 hervor:

Gesucht wird der Bühnenzauberer Alfred Meier, Künstlername Fürst Raja. Meier wird verdächtigt, den Großmeister der Wotan-Loge bei einem Streit erschlagen zu haben. Der Gesuchte ist flüchtig und hat möglicherweise bereits das Reichsgebiet in Richtung Südamerika verlassen.

Robert erinnerte sich dunkel an die Wotan-Loge. Er wusste nur noch, dass es sich um einen Geheimbund gehandelt hatte, der die ‚arisch-germanische religiöse Wiedergeburt' propagierte und später zu einer Naziorganisation wurde. Auch in Deutschland würde Nurdin vor Strafverfolgung nicht sicher sein können. Mord verjährt nicht.

Am Fluss traf er auf Freda und Woto, der gerade eine Schilfbarke vom Ufer ins Wasser zog.

„Woto wird uns nach Tarapoto bringen, er kennt den Weg durch den Dschungel gut. Ich habe ihm erzählt, was ich von dir über Nurdin erfahren habe. Auch er ist entsetzt über das Spiel, das unser Priesterkönig mit uns getrieben hat."

Dass dieser falsche Priesterkönig sein Vater war, schien Woto nicht weiter zu berühren. Na ja, bei unzähligen Halbgeschwistern ist die Bindung an den Vater wohl nicht ganz so groß, vermutete Robert.

Er setzte sich in die Mitte des Bootes, das von Freda und Woto mit geschickten Paddelschlägen sicher durch gefährliches Wildwasser gesteuert wurde.

„Wir werden den größten Teil der Fahrt auf Urwaldflüssen zurücklegen. Wenn alles klappt, erreichen wir morgen Mittag Tarapoto", erklärte Freda.

Ab und zu mussten sie die Schilfbarke durch den Regenwald tragen, um zu einem anderen Fluss zu gelangen oder um Stromschnellen zu umgehen.

Am Abend schlugen sie auf einer Sandbank ein Lager auf. Auf ein Feuer verzichteten sie, um nicht eventuell herumstreifende Macús auf sich aufmerksam zu machen. Woto hatte aus Palmenblättern einen einfachen Regenschutz hergestellt, doch es blieb in der Nacht trocken.

Im Morgengrauen ging es auf dem Fluss weiter. Ein paar Stunden später hatten sie es fast geschafft. Sie marschierten noch einige Kilometer auf einem Trampelpfad durch dichten Bergwald und standen dann vor dem Plateau mit der Stadt Tarapoto.

Der Aufstieg über schmale, steinige Serpentinen hoch zur Stadt war genauso mühsam wie der Abstieg wenige Tage zuvor. Doch schließlich standen sie vor dem Rathaus auf dem Marktplatz. In ihrer traditionellen Indiokleidung fielen die drei nicht weiter auf. Sie sahen aus wie ganz normale Bauern aus dem Andenhochland.

Der Bürgermeister konnte es kaum glauben, dass in seinem Regierungsbezirk tatsächlich eine Siedlung solange unentdeckt geblieben sein sollte. Nach Nurdin alias Alfred Meier werde die Polizei fahnden, versprach er. Und er werde umgehend einen Inspektor nach Asegot entsenden, der beim Aufbau einer sich selbst verwaltenden Dorfgemeinschaft mithelfen würde. Asegot dürfe nicht im Chaos versinken.

Der Bürgermeister offenbarte sich als ein Anhänger der peruanischen Landreformbewegung, die sich für mehr Rechte der Indios einsetzte. Die Besucher spürten, dass sie ihm vertrauen könnten.

Ob die Bewohner von Asegot den Sprung in die heutige Zeit schaffen würden? Robert war sich nicht sicher; es lauerten unzählige Gefahren auf sie. Aber für die Bewohner wäre es die einzige Chance, in ihrer vertrauten Umgebung als Gemeinschaft weiterzuleben.

Nachdenklich verließ er mit den beiden das Rathaus.

„Wir müssen nun Abschied nehmen", sagte er zu Freda und Woto leise. „Auf euch warten jetzt wichtige Aufgaben; ihr werdet von den Menschen in Asegot gebraucht. Ich wünsche euch viel Glück ... Vaya con Dios."

Er war zu traurig, um weitersprechen zu können.

„Adiòs Roberto", flüsterte Freda. Sie drehte sich abrupt um, so dass er ihre Tränen nicht sehen konnte. Dann ging sie mit Woto weiter; Robert lief in die andere Richtung. Freda drehte sich ein letztes Mal um und sah zurück. Robert blickte im selben Moment ebenfalls zurück. Er sah, dass ihre Lippen Worte formten: Hasta la vista – bis später. Hasta la vista, antwortete Robert ihr ebenso stumm. Doch er ahnte, es würde für sie kein Später geben. Pass auf dich auf, Schwesterchen, dachte er noch.

Schwesterchen. Das Wort war ihm spontan durch den Kopf geschossen. So hatte er Vicky immer genannt. Im selben Moment wusste er, dass er nicht noch einmal jemanden, der ihm vertraute, im Stich lassen durfte.

Ich könnte doch mit Freda in Asegot bleiben und dort eine Schule aufbauen, überlegte er. Nein, das ginge nicht. Er müsste erst nach Deutschland zurückkehren. Bliebe er hier, wäre er in den Augen von Himmler ein Verräter. Kurz über lang würden ihn die Gefolgsleute der Nazis in Peru aufspüren und liquidieren.

Aber er würde schon einen Weg finden, wieder nach Tarapoto zu gelangen, hoffte er. Freda brauchte seine Hilfe.

In der Cantina traf er auf Sancho. Der schaute ihn überrascht, und erleichtert, an.

„Señor, ich bin froh Sie zu sehen. Haben Sie gefunden, wonach Sie gesucht hatten?"

„Ja und nein, Sancho. Aber das ist eine zu lange Geschichte", sagte Robert. „Ich brauche jetzt etwas Ruhe. Die letzten Tage waren sehr anstrengend."

„Si, comprendo. Lassen Sie sich Zeit. In der Cantina wartet auf Sie eine Flasche Tequila."

Vor dem Abendessen hatte Robert noch eine schmerzhafte Pflicht zu erfüllen. Er musste dem Vater von Ramirez sagen, dass sein Sohn von einem Macú getötet worden war. Nach der traurigen Begegnung mit dem alten Apotheker fiel es ihm schwer, den morgigen Tag zu planen – den Tag, an dem er spätestens bei Einbruch der Dunkelheit an Bord der „Graf Zeppelin" sein musste.

Am nächsten Morgen, nach dem Frühstück in der Cantina, ging er zurück in sein Zimmer. Gedankenverloren blickte vom Balkon aus auf die Straße. Er wollte Freda wiedersehen. Doch wovon sollte er die Rückkehr nach Peru bezahlen? Er musste eine Lösung finden. Das war er auch Vicky schuldig.

Vor der Bodega auf der gegenüberliegenden Seite saß ein massiger Mann in der Sonne und trank ein Glas Wein. Trotz des weißen Anzugs erkannte er den Mann. Es war Nurdin. Robert stürzte die Treppe hinunter und rannte über die Straße. Er war erregt, außer sich vor Zorn.

„Wollen Sie sich aus Peru herausstehlen, Sie verdammter Halunke? Das wird Ihnen nicht gelingen. Der Bürgermeister hat bereits die Polizei informiert. Sie werden für Ihre Taten büßen."

„Nun mal langsam, mein junger Freund", sagte Nurdin. „Setzen Sie sich, und hören Sie mir zu."

Es klang wie ein Befehl. Er hielt sein Weinglas so in der Hand, dass sich darin die Sonne spiegelte. Robert blickte kurz auf das Glas – und fühlte sich im selben Moment wie willenlos. Gehorsam setzte er sich und beantwortete alle Fragen; Nurdin hatte ihn blitzartig hypnotisiert! Er hörte sich reden, als ob eine andere Person sprechen würde.

Nurdin erfuhr von ihm, dass heute früh die „Graf Zeppelin" eingetroffen sei. Widerstandslos gab Robert dem selbsternannten Priesterkönig sogar die Karte, auf der der Weg zum Luftschiff eingezeichnet war.

Es war sein Glück, dass am Ende der Straße der Bürgermeister auftauchte. Er war auf dem Weg ins Rathaus, sah Robert vor der Bodega und ging auf den Tisch zu. Sofort stand Nurdin auf und eilte davon.

„Was ist mit Ihnen, Señor Bose. Geht es Ihnen gut?" Der Bürgermeister schüttelte Roberts Schultern. Er erwachte wie aus einem Traum.

„Ja, Herr Bürgermeister. Es ist nur die Hitze."

Robert war zwar noch etwas benommen, hatte sich aber wieder unter Kontrolle.

„Wer war der Herr?", fragte der Bürgermeister. „Ich habe ihn in unserer Stadt noch nie gesehen. Ein Freund von Ihnen?"

„Nein, ganz und gar nicht. Das war Nurdin, der Priesterkönig."

„Was? Warum haben Sie ihn gehen lassen?"

„Tja, Sie haben es ja selbst gesehen. Ich hatte einen Schwächeanfall."

„Machen Sie sich keine Sorgen, Señor Bose. Wir werden den Kerl schon kriegen. Ich schicke sofort die Gendarmerie los."

Das wird nichts nutzen, denn Nurdin ist sicher schon zum Luftschiff unterwegs, dachte Robert. Ohne Karte würde er den Weg zum Luftschiff niemals finden. Und Sancho wollte ihn erst am Nachmittag abholen kommen. Nurdin könnte dem Kommandanten irgendein Märchen auftischen, warum Robert in Peru bliebe und stattdessen er zurückfahren müsse. Robert ging zurück ins Haus. Ihm blieb nichts weiter übrig, als auf Sancho zu warten.

Sancho führte Robert auf dem gleichen Weg zum Luftschiff, auf dem er es vor zwölf Tagen verlassen hatte.

Nach vier Stunden stand er vor der „Graf Zeppelin". Von Nurdin war nichts zu sehen gewesen. Vielleicht ist er vom Macú getötet worden oder er hat sich verirrt, hoffte Robert. Der Zeppelin lag ja versteckt hinter einer schmalen Schlucht, deren Zugang nicht einfach zu finden war. Oder Nurdin war bereits an Bord gegangen.

Wie eine riesige Zigarre lag das Luftschiff vor ihm. In der Abendsonne schimmerte die silberne Außenhaut golden. Am Fuß der Gangway, die ins Innere führte, standen zwei Schiffsoffiziere, die vor ihm salutierten. Der Pfiff einer Trillerpfeife ertönte, und dann stieg der Kommandant die paar Stufen hinunter, um Robert zu begrüßen. Robert kannte Kommandant Hansen ja bereits von der Hinfahrt.

„Willkommen zurück, Herr Bose. Ich hoffe, Ihre Mission war erfolgreich."

Kommandant Hansen wusste, dass er nicht befugt war, nach näheren Informationen zu fragen. Die Mission unterlag absoluter Geheimhaltung.

„Haben Sie heute bereits jemand an Bord genommen, Herr Kommandant?" Hansen blickte ihn verwundert an. „Nein, Sie werden der einzige Passagier auf unserer Fahrt nach Recife sein.

Robert war erleichtert zu hören, dass Nurdin es nicht bis zur „Graf Zeppelin" geschafft hatte.

„Wann werden wir starten, Herr Kommandant?

„Etwa in einer halben Stunde, mit dem Einsetzen der Dämmerung. Sie wissen, dass wir die Nacht nutzen müssen, um unentdeckt nach Recife zu kommen."

„Ja, sicher." Robert rechnete jetzt nicht mehr damit, dass Nurdin das Schiff bis zum Abheben erreichen würde. Und so war es auch. An den Bodenverankerungen hantierten bereits Matrosen, um den Zeppelin startklar zu machen.

Der Kommandant führte ihn die Gangway hinauf.

„Bitte, Herr Bose. Kommen Sie in den Salon. Unser Steward wird Ihnen einen Willkommenstrunk servieren und Ihnen danach Ihre Kabine zeigen."

Robert setzte sich in den Salon. Selten hatte ihm ein Bier besser geschmeckt. Als die Nacht hereinbrach, machte er sich im Waschraum frisch und ging in seine Kabine. Der Steward hatte ihm seinen Koffer aus dem Gepäckraum geholt, und er genoss das Gefühl, wieder saubere Kleidung tragen zu können.

Gegen acht Uhr abends nahm er zusammen mit dem Kommandanten und einigen Offizieren das Abendessen ein. Während des Essens entspann sich eine Unterhaltung über die Zukunft der Luftfahrt.

„Auf unserer Werft in Friedrichshafen entsteht zurzeit ein Luftschiff – größer, schneller und komfortabler als die ‚Graf Zeppelin'. Es soll den Namen von Generalfeldmarschall Hindenburg tragen." Die Begeisterung von Kommandant Hansen war deutlich zu spüren. „Der neue Gigant wird ein wahres Luxushotel der Lüfte sein. Das Schiff hat zwei Fahrgastdecks, mit Promenadengängen, Restaurant, Bar und diversen Gesellschaftsräumen. Fünfzig Passagiere werden in den Doppelkabinen Platz finden. Und ab 1940 werden drei weitere Zeppeline den Dienst aufnehmen und alle Kontinente verbinden."

„Und die Flugzeuge?", fragte Robert.

Kommandant Hansen winkte ab.

„Die haben nur im Kurzstrecken- und im Frachtverkehr Zukunft. Wer will sich schon für viele Stunden in eine fliegende Sardinenbüchse zwängen."

Robert nahm noch eine Flasche Wein mit in seine Kabine und begann, sich zu betrinken. Hätte er nicht doch bei Freda bleiben sollen? Vicky, Freda, Freda, Vicky – in seinem Kopf verschmolzen beide zu einer einzigen Person. Die leere Flasche entglitt seinen Händen, und er fiel in einen traumlosen Schlaf.

Er erwachte erst, als sich die „Graf Zeppelin" bereits im Anflug auf Recife befand. Das Luftschiff würde nach einem kurzen Zwischenstopp mit den zugestiegenen Passagieren vollbesetzt nach Deutschland zurückfahren.

Nach dem Frühstück setzte er sich in den Salon und blickte auf das grüne Dschungeldach unter ihm. Die Ereignisse der letzten zwei Wochen kamen ihm, hier an Bord der „Graf Zeppelin" mit all ihrem Komfort, unwirklich wie ein Traum vor. Er musste nachdenken. Was sollte er Himmler berichten? Außer dem goldenen Brustschild hatte er nichts in der Hand, was Himmlers Theorie wirklich beweisen würde. Doch er war fest entschlossen, ihm das Brustschild nicht zu überlassen. Himmler war unberechenbar. Was würde mit ihm passieren?

Nach drei Tagen über den Atlantik landete die „Graf Zeppelin" in Sevilla, um ein paar spanische Geschäftsleute von Bord zu lassen. Anschließend ging es über das Mittelmeer, das Rhonetal und die Schweiz nach Friedrichshafen am Bodensee.

Einen Tag nach der Ankunft in Friedrichshafen war Robert wieder in der Reichshauptstadt.

IX

Himmler, in schwarzer Uniform und schwarzen kniehohen Stiefeln, saß in seinem Büro im Hauptamt der Geheimen Staatspolizei am Schreibtisch und blickte Robert erwartungsvoll an.

„Und nun erzählen Sie mir bitte, was Sie über unsere arischen Vorfahren in Südamerika herausgefunden haben, Bose." Himmlers Augen begannen hinter der Brille zu funkeln.

„Reichsführer, wie ich in meinem Bericht geschrieben habe, kann es keinen Zweifel darangeben, dass Germanen in der Vor- und Frühzeit den amerikanischen Kontinent erreicht und besiedelt haben. Die Beweise sind eindeutig. Sie finden sie in meinem Bericht. Die südamerikanischen Kulturen haben arische Wurzeln."

„Ja, ja. Ich habe Ihren Bericht gelesen. Ich wollte es von Ihnen nur noch einmal hören." Himmler atmete hörbar tief ein und aus. „Ich wusste es", sagte er. Er sprang von seinem Schreibtisch auf und stellte sich neben Robert.

„Unser Führer wird das Ariertum aus dem Dunkel der Geschichte wieder zu ungeahnter Größe emporführen. Die Zeit des Großgermanischen Weltreichs ist nicht mehr fern."

Robert spürte mit Erleichterung, dass er Himmler überzeugt hatte. Himmler glaubte ihm seine Erzählung – oder wollte sie ihm glauben, weil sie zu seiner Weltanschauung passte. Aber es war ja gar kein totales Lügenmärchen, beruhigte er sich. Denn dass keltische

Stämme Jahrhunderte vor Kolumbus den südamerikanischen Kontinent erreicht hatten, ließ sich angesichts vieler Indizien kaum mehr leugnen.

„Reichsführer, ich habe für Sie aus Tarapoto ein germanisches Relikt mitgebracht, das Sie dem Führer zu seinem Geburtstag überreichen können."

Himmler blickte Robert erwartungsvoll an.

Robert holte aus seiner Aktentasche eine flache Schachtel heraus und gab sie Himmler. Vorsichtig öffnete Himmler die Schachtel und nahm eine tellergroße Scheibe aus Bronze heraus. In das Metall waren die Umrisse zweier Küsten und dazwischen ein stilisiertes Drachenboot als feine Linien eingraviert. Die rechte Linie erinnerte an die Küste von Nordeuropa, die linke an die Ostküste von Südamerika mit der Flussmündung des Amazonas.

„Diesen Teller habe ich in Tarapoto an der Wand einer Bodega entdeckt. Ich habe ihn untersuchen lassen; er ist über zweitausend Jahre alt."

Es war eine meisterhafte Fälschung. Der Teller war echt, er stammte aus der Bronzezeit. Robert hatte ihn aus dem Museumsfundus heimlich entwendet. Die Linien waren von ihm erst vor ein paar Tagen eingraviert und sorgfältig nachbearbeitet worden. Selbst Experten würden nicht nachweisen können, dass es sich nicht um ein germanisches Relikt handelte.

Himmler fing vor Aufregung an zu stottern.

„Das ist, äh, unglaublich, der letzte Beweis für die Richtigkeit des, Dritten Reichs, des nationalsozialistischen Weltbilds", sagte er voller Ehrfurcht. „Dieser

Teller bekommt in unserer SS-Ordensburg einen würdigen Platz."

Er ergriff beide Hände von Robert. „Ich danke Ihnen, auch im Namen des Führers."

Im schriftliche Expeditionsbericht hatte Himmler gelesen, dass Roberts einheimischer Führer im Dschungel umgekommen sei. Er wollte jetzt Details erfahren. Robert wusste, was Himmler hören wollte:

„Wir hatten gerade unser Nachtlager aufgeschlagen, als uns eine Horde Indianer überfiel. Mir gelang es noch, mich in der Dunkelheit zu verstecken. Für meinen Waldführer war es dafür zu spät. Von meinem Versteck aus beobachtete ich, wie sechs Indianer ihn umzingelten und mit Knüppeln auf ihn einschlugen. Ich stürzte aus meinem Versteck hinzu, um ihm zu helfen. Wir haben gekämpft wie die Löwen, doch als er mit dem Hieb einer Machete getötet wurde, flüchtete ich in die Nacht."

Himmler hatte ihm mit offenem Mund zugehört. Seine runde Brille verlieh ihm das Aussehen eines Karpfens.

„Diese verdammten Rothäute", murmelte er. „Das sind keine Menschen, das sind wilde Tiere, die wir zur Räson bringen werden."

Himmler blickte ihn voller Bewunderung an.

„Sie sind ein tapferer Mann, Bose. Ich werde Sie in meine Leibgarde aufnehmen. Martin Berger hat ja leider in Sevilla versagt. Ein Schwächeanfall! Das darf einem SS-Offizier nicht passieren. Ich brauche Männer wie Sie, zäh und hart. Sie werden Berger ersetzen. Sie haben sich das verdient."

Robert merkte, dass er bei der Schilderung des Kampfes im Regenwald etwas übertrieben hatte. In den Dienst Himmlers zu treten, wäre das Letzte, was er wollte.

X

„Was für ein Abenteuer, Robert. Schade, dass ich nicht dabei sein konnte“, sagte sein Freund Ralf mit Bedauern in der Stimme.

Robert winkte kopfschüttelnd ab:

„Sei froh, es hätte dich dein Leben hätte kosten können, Ralf. Glaube mir, ich bin nur mit viel Glück davongekommen.“

Ralf nickte. Robert hat Recht, dachte er. Ein Abenteuer ist immer nur im Nachhinein ein spannendes Abenteuer – wenn es gut ausgegangen ist.

Die beiden Freunde hatten sich erstmals nach Roberts Rückkehr wieder getroffen, wie üblich in der Mephisto-Klause. Ralf wollte alles über die Erlebnisse in Tarapoto erfahren. Robert blieb keine Antwort schuldig. Er wusste, er könnte Ralf vertrauen.

„Was wirst du mit dem goldenen Schild machen? Willst du es behalten?“, fragte Ralf.

„Nein, natürlich nicht. Das Schild gehört ins Museum. Ich befürchte nur, dass es dann doch noch von Himmler requiriert wird und in der Ordensburg der SS landet. Ich werde es im Völkerkundemuseum solange verstecken, bis der Nazispuk vorbei ist.

„Hoffentlich erleben wir das noch, Robert. Wo willst du denn das Schild verstecken?"

„Ich weiß es noch nicht. Noch liegt es bei mir zu Hause. Ich habe es in meinem Terrarium vergraben. Da ist es sicher, wie in einem Tresor. Du weißt ja, in meine Wohnung wurde schon einmal eingebrochen."

Robert erhob seinen Bierkrug.

„Nun lass uns noch einmal auf unser Wiedersehen anstoßen."

Ralf setzte seinen Krug ab und schaute über Roberts Schulter. Er begann zu flüstern:

„Drehe dich nicht um, Robert. Schräg hinter dir sitzt ein Kerl, der dich unentwegt anstarrt. Wir sollten vorsichtig sein. Vielleicht ist das einer von Himmlers Leuten."

Mit gesenktem Kopf warf Robert einen kurzen Blick nach hinten. Als er erkannte, wer der Mann war, wich alles Blut aus seinem Gesicht. Er drehte sich wieder zu Ralf und sah ihn ungläubig an.

„Was ist, Robert? Wer ist der Mann?", fragte Ralf.

„Das ist Nurdin, der Priesterkönig von Asegot."

„Was? Der Magier? Bist du sicher?"

„Ja, es ist Alfred Meier, alias Fürst Raja." Robert konnte es noch immer nicht fassen.

Nurdin saß allein an seinem Tisch. In seinem dunklen Anzug sah er aus wie ein wohlgenährter Fabrikbesitzer. Vielleicht war es Zufall, dass Nurdin im Mephisto-Keller war, wahrscheinlich aber hatte er Robert schon seit dem Morgen beobachtet. Dass Robert im Völkerkundemuseum arbeitete, war ihm ja bekannt.

Jedenfalls hatte Nurdin es geschafft, aus Peru herauszukommen. Lange konnte er noch nicht in Berlin sein, allein die Schiffspassage nach Europa dauerte mindestens dreißig Tage.

Was könnte Nurdin von mir wollen?, fragte er sich. Mich doch noch ausschalten? Weil er befürchtet, ich könnte der Polizei sagen, dass er wieder in Deutschland sei? Möglicherweise steht er wegen des Totschlags noch immer auf der Fahndungsliste. Oder auf der Todesliste ehemaliger Wotan-Brüder. Die Rache von Fanatikern kennt kein Verfalldatum!

Robert beschloss, in die Offensive zu gehen.

„Ich werde mit ihm reden. Ich bin gleich wieder zurück“, sagte er zu Ralf und stand auf.

Betont lässig schlenderte er zu Nurdins Tisch.

„Sieh an, der Herr Meier“, sagte er.

Nurdin blickte ihn lächelnd an. Er schien nicht erstaunt zu sein, dass Robert vor ihm stand, aber darüber, dass der seinen wahren Namen wusste.

„Oh, Sie kennen meinen richtigen Namen? Ich vermute, Sie haben die alte Zeitungsseite gelesen. Ich hätte sie besser verstecken sollen, genau wie das goldene Brustschild. Ich nehme an, es ist in Ihrem Besitz. Vergessen Sie nicht, dass es mir gehört!“

Darum ging es also Nurdin. Er wollte das Brustschild!

„Um das Schild zu bekommen, müssten Sie zurück nach Asegot fahren. Wenn Sie Glück haben, liegt es da noch. Aber ich befürchte, Sie sind in Peru nicht mehr so gern gesehen.“ Robert fühlte sich zunehmend sicherer.

„Tja, Herr Bose. Für einen neuen Start in Deutschland hätte ich das Gold wirklich gut gebrauchen können. Mein Pech." Sein Blick verriet Robert, dass er ihm nicht glaubte.

„Aber setzen Sie sich, Herr Bose. Wir sollten uns versöhnen. Trinken Sie ein Glas Wein mit mir."

„Nein Danke, Herr Meier, oder wie immer Sie sich jetzt nennen. Der Wein könnte ja vergiftet sein", sagte Robert mit einem sarkastischen Lächeln. Er setzte sich vorsichtig an den Tisch. In der gerammelt vollen Mephisto-Klause würde Nurdin ihn kaum hypnotisieren können, dachte er.

„Na gut", sagte Nurdin lächelnd. „Schließen wir Waffenstillstand. Einverstanden?"

Er reichte Robert die Hand. Auf seinem Mittelfinger steckte ein großer funkelnder Brillantring, auf den Robert unweigerlich starren musste – wohl einen Augenblick zu lange, denn er merkte, wie ihm die Lider schwer wurden.

„Entspannen Sie sich, und schließen Sie Ihre Augen. Sie hören jetzt nur noch mich." Mit diesen Worten versetzte Nurdin ihn in Trance.

Der Kneipenlärm drang nur noch gedämpft an sein Ohr, und alles schien in Zeitlupe abzulaufen. Nur die Stimme von Nurdin vernahm er deutlich:

„Stehen Sie auf. Ich werde Sie nach Hause begleiten. Verabschieden Sie sich von Ihrem Freund."

Beide gingen sie zum Tisch von Ralf. Robert hörte sich sprechen, als ob es fremde Gedanken und eine fremde Stimme wären:

„Ich bin in einer halben Stunde wieder da, Ralf. Nurdin will mir etwas zeigen."

„Ist alles in Ordnung? Soll ich dich begleiten?"

„Nein, bleib ruhig sitzen", hörte Robert sich sagen.

Nurdin verließ mit ihm das Lokal. Er merkte zwar, was um ihn herum und mit ihm geschah, konnte sich aber den Befehlen von Nurdin nicht widersetzen.

Nurdin rief ein Taxi, und nach einer Viertelstunde waren sie in Roberts Wohnung. Nurdin zog seine Jacke aus und machte es sich in einem Sessel bequem.

„Setz dich!" Robert nahm gehorsam auf einem Stuhl Platz.

„Wo hast du das Brustschild versteckt?"

Robert konnte sich nicht dagegen wehren, Nurdin das Versteck zu verraten.

„Es liegt in meinem Terrarium, unter dem Sand."

„Sehr schlau von dir, mein Freund. Dann wollen wir mal nachschauen."

Das Terrarium stand auf einer Kommode hinter dem Sessel. Nurdin hob die Abdeckung ab und griff hinein. Unter dem Sand am Boden tastete er nach dem Schild. In einer Ecke des Terrariums lagen eine Schildkröte und ein paar Eidechsen, die sich träge bewegten.

„Aha, hier ist es ja", sagt er triumphierend. Fast im selben Moment schrie er entsetzt auf und riss die Hand aus dem Terrarium. Robert bekam dabei einen heftigen Schlag an den Kopf. Der Schrei und der Schlag ließen Robert blitzschnell aus der Hypnose erwachen. Nurdin hielt sich mit schmerzverzerrtem Gesicht die Hand. „Was war das?", rief er.

„Das war der Biss meiner kleinen Freundin Atrax robustus, einer hochgiftigen Trichternetzspinne. Ich fürchte, ohne Serum werden Sie die nächste Stunde nicht überleben. Nach dreißig Minuten setzen Krämpfe ein, danach fallen Sie ins Koma und sterben schließlich an Kreislaufversagen. Fahren Sie in die Charité, vielleicht kann man Ihnen dort noch helfen. "

Nurdin stürzte wie von Sinnen aus der Wohnung. Robert wusste, Nurdin würde es nicht schaffen.

„Danke, kleine Freundin", sagte er in Richtung zum Terrarium. „Aber ich werde mich von dir trennen müssen. Du bist mir doch zu gefährlich."

Er hob das Brustschild vom Boden auf und verstaute es in der Kommode zwischen seinen Hemden.

Robert nahm sich vor, am nächsten Tag das Schild im Keller des Museums zu verstecken. Am besten in einem Fundstück im afrikanischen oder asiatischen Depot, dachte er. Dort wäre es vor Himmler sicher.

Dann machte er sich auf den Weg zurück in die Mephisto-Klause. Ralf war noch da.

„Was war los, Robert? Du warst ja fast eine Stunde weg. Ich habe mir Sorgen gemacht."

„Tut mir leid. Der Abschied von Nurdin hat etwas länger gedauert."

Robert bestellte noch ein Bier. Er blickte Ralf lange an.

„Ich werde nach Peru zurückkehren", sagte er.

„Was? Ist das dein Ernst? Aber warum?"

„Mir ist, als hätte ich dort Vicky wiedergefunden."

„Freda?" Robert nickte.

Ralf kannte das Trauma seines Freundes. Vielleicht könnte sich Robert in Tarapoto endlich davon befreien, hoffte er. Nichts wünschte er Robert mehr.

„Aber wovon willst du die Überfahrt bezahlen?"

Robert lächelte. „Ich habe in Nurdins Jacke spanische Golddublonen gefunden und mir erlaubt, sie an mich zu nehmen. Ich vermute, ihm würden sie jetzt nichts mehr nützen. Das reicht nicht nur für die Schiffspassage."

Er dachte an Freda: Hasta la vista, Schwesterchen, bis später. Schon bald werden wir uns wiedersehen!

Neunzig Jahre danach

Im ethnologischen Depot des Humboldt Forums im rekonstruierten Berliner Schloss entdeckt ein Museumsarchivar in einer mit Muscheln verzierten steinernen Urne ein goldenes Brustschild mit einer stilisierten germanischen Sonne. Analysen ergeben, dass das Objekt weit über tausend Jahre alt sein musste. Die Urne war Ende des neunzehnten Jahrhunderts in den prähistorischen Basalttempeln von Nan Madol auf der Karolineninsel Pohnpei (Mikronesien), einer ehemaligen Südseekolonie des Deutschen Reichs, gefunden worden.

Niemand weiß, wie das Brustschild in die Urne hineingekommen war. Konnten die seefahrenden Völker Alteuropas tatsächlich bereits bis in den Südpazifik segeln, wie einige Historiker vermuten?

Doch manchmal gibt es für die großen Rätsel der Vergangenheit auch simple Erklärungen.

August 1940

Am 4. März 1936 stellte die Deutsche Zeppelin-Reederei die „Hindenburg" in den Dienst. Im Überseeverkehr wurde der neue Zeppelin hauptsächlich für die Verbindung nach Nordamerika eingesetzt. Für das raue Nordatlantikwetter war dieses größere und damit robustere Luftschiff besser geeignet als die „Graf Zeppelin". Die „Graf Zeppelin" fuhr weiterhin nach Südamerika.

Bereits Mitte der dreißiger Jahre wurde in Deutschland mit dem Bau von zwei weiteren Luftschiffen der „Hindenburg"-Klasse begonnen (LZ 130 und LZ 131). Nach ihrer Fertigstellung sollte die schon etwas betagte „Graf Zeppelin" ausgemustert werden. Vorgesehen war in Kooperation mit den projektierten amerikanischen Luftschiffen der Goodyear Zeppelin Corp. die Einrichtung eines globalen Verkehrsnetzes. Die Naziherrschaft und der Ausbruch des 2. Weltkriegs verhinderte die Verwirklichung dieser Pläne.

Hätte es auch anders kommen können? Natürlich, der Lauf der Geschichte folgt keinen festgelegten Bahnen. Wagen Sie mit mir ein Gedankenspiel:

Die Weltwirtschaftskrise von 1929 konnte durch eine konzertierte Aktion der Industrienationen verhindert werden, die Weimarer Republik blieb auf Erfolgskurs, die Nazis waren zu einer Splitterpartei geschrumpft, und das von den USA aus politischen Gründen gegen Deutschland verhängte Ausfuhrverbot von Helium gab es nicht. Auf die Befüllung der „Hindenburg" mit entflammbarem Wasserstoff konnte verzichtet werden. Die Explosion beim Landeanflug hätte nicht stattgefunden; der Zeppelin wäre am 6. Mai 1937 planmäßig in Lakehurst bei New York gelandet.

Stellen wir uns nun das folgende Szenario vor:

Seit 1938 überqueren die „Hindenburg“ und die fast baugleichen Zeppeline LZ 130 und LZ 131 auf ihren Fahrten nach Nord- und Südamerika zuverlässig und unfallfrei den Atlantik, die beiden Goodyear-Zeppeline den Pazifik.

Immer mehr Geschäfts- und Privatleute nutzen für interkontinentale Reisen anstelle der langsamen Ozeandampfer Luftschiffe. Flugzeuge sind in Bezug auf die Reichweite den Zeppelinen weit unterlegen. Kommerzielle Transatlantikflüge mit Flugzeugen gibt es noch nicht.

Zusammen mit den USA plant Deutschland vier weitere Zeppeline für Direktverbindungen nach Kapstadt, Manila und Tokio in Dienst zu stellen. Doch dann beginnen Zeitungsmeldungen über angebliche Service- und Sicherheitsprobleme auf der „Hindenburg“, den Luftschiffverkehr zu gefährden … Und damit sind wir mitten in unserer Geschichte.

Am Abend des 25. Augusts 1940 startet die „Hindenburg“ zu ihrer Fahrt über den Atlantik in die Vereinigten Staaten von Amerika. Unter den fünfzig Passagieren, die in Frankfurt /M. an Bord gehen, befindet sich Fred Hammer; ein Mann von Mitte dreißig mit dunklem, leicht gewelltem Haar und der durchtrainierten Figur eines Leistungssportlers. Bis zur Landung des Zeppelins auf dem Luftschiffhafen in Lakehurst bei New York am übernächsten Tag bleiben ihm knapp sechzig Stunden, um herauszufinden, wer und was hinter den Berichten über die Missstände auf der „Hindenburg“ steckt.

I

Mit dem Ärmel polierte ich das Schild blank, das ich gerade an die Hauswand neben der Eingangstür angeschraubt hatte. Nachdenklich blickte ich auf das glänzende Messing:

Detektei Fred Hammer
Beobachtungen und Ermittlungen

Gut, dachte ich, vielleicht sorgt das neue Schild dafür, dass endlich Klienten den Weg zu mir finden. Ich brauchte dringend Aufträge; ich war so gut wie pleite.

Die Lage meines Büros, das ich vor einem Monat in einer vornehmen Seitenstraße des Berliner Kurfürstendamms angemietet hatte, stimmte: In meiner Nachbarschaft befanden sich Fotoateliers, Juweliergeschäfte und teure Herrenausstatter. In den Häusern mit den verzierten Fassaden und den wuchtigen Erkern wohnten Staranwälte, Filmschauspieler, Schriftsteller und reiche Privatiers. Also genau die zahlungskräftige Klientel, denen ich meine Dienste anbieten könnte. Bedarf gab es mit Sicherheit; während meiner Zeit bei der Kriminalpolizei hatte ich oft genug mit diesen Herrschaften zu tun. Ob bei Diebstahl, Erpressung, Eifersuchtsdramen, Betrug, oder Suche nach ausgerissenen Sprösslingen – immer stand der Wunsch nach Diskretion im Vordergrund. Hilfe bei der Polizei suchte man nur, wenn es nicht anders ging.

Ich setzte mich an meinen Schreibtisch und starrte auf das Telefon. Verdammt, dachte ich, klingle endlich!

Dass ich bei der Kripo meinen Dienst quittieren musste, hatte ich mir selbst zuzuschreiben. Die Manipulation von Beweismaterial ist nun einmal etwas, dass sich ein Kriminalkommissar nicht zuschulden kommen lassen darf. Aber genau das hatte ich getan. Ich wollte eine Frau beschützen, in die ich so hoffnungslos verknallt war, dass mein Verstand ausgesetzt hatte. Meine Kollegen konnten der feinen Dame nachweisen, dass sie es war, die den Safe ihres Ehemanns geplündert hatte, und kein Einbrecher. Als sie die Tat gestand, war ich der Dumme. So etwas würde mir nie wieder passieren, hatte ich mir geschworen. Aber das war jetzt sowieso alles Schnee von gestern.

Natürlich brauchte ich eine Sekretärin. Wer sollte sonst das Telefon während meiner Abwesenheit bedienen? Isabell? Die studierte, in was weiß ich welchem Semester, Kunstgeschichte und hätte mir sicherlich für ein oder zwei Monate ausgeholfen. Aber nachdem sie meinen Fehltritt mitbekommen hatte, kündigte meine Schöne mir ihre Freundschaft auf.

Mir fehlte ein Auftrag, und zwar ein gut dotierter. Erst dann könnte ich mir eine Bürokraft leisten.

Ich widerstand der Versuchung, aus dem unteren Schubfach meines Schreibtischs die Cognacflasche herauszuholen, und fing an, ein Zeitungsinserat zu entwerfen: Kriminalkommissar a. D., erfahren in Beobachtungen und speziellen Ermittlungen, diskret und … In dem Moment klingelte das Telefon.

Am Apparat war Knut, mein Sportkamerad und ehemaliger Partner bei der Kripo.

„Bist du an einem Auftrag interessiert, Freddy? Ich habe hier etwas für dich. Für unsere Abteilung ist das nichts."

„Sorry, Knut. Ich bin total ausgebucht."

Knut kicherte. „Witzbold. Ich weiß doch, dass du auf dem letzten Loch pfeifst."

„Okay, rede schon." In mir keimte Hoffnung auf.

Die Sache eilte wohl. Der gute Knut hatte für mich bereits eine Verabredung getroffen. Heute Nachmittag um vier würde im Café Wien ein Herr auf mich warten und mir sagen, worum es ging.

„Wie erkenne ich den Mann?", fragte ich Knut.

„Das sollte für dich doch kein Problem sein, Freddy. Du bist doch jetzt Privatdetektiv."

Es war nur ein kurzer Fußweg zum Café Wien am unteren Ende des Kurfürstendamms. Schon um Viertel vor vier saß ich, etwas versteckt, an einem Seitentisch und beobachtete die Eingangstür. Punkt vier betrat ein Herr mittleren Alters das Café. Er nahm seinen Hut ab und blickte sich suchend um. Unter seinem Arm klemmte eine dünne Aktentasche. Sofort wusste ich, dass das mein Mann war.

Ich ließ ihn sich setzen und wartete noch fünf Minuten. Dann näherte ich mich ihm von hinten und begrüßte ihn.

„Mein Name ist Fred Hammer. Ich nehme an, Sie wollen mich sprechen."

Er schien überrascht zu sein, bat mich aber sofort, Platz zu nehmen.

„Trinken Sie mit mir ein Glas Wein?“ Ich nickte.

Während er den Ober rief, taxierte ich ihn: eleganter Anzug, Seidenkrawatte, goldene Uhr. Mein Tageshonorar kann also ruhig etwas höher ausfallen, dachte ich.

Jetzt wandte er sich mir zu und stellte sich vor.

„Ich bin Dr. Murmann. Danke, dass Sie gekommen sind, Herr Hammer. Die Kripo hat Sie mir wärmstens empfohlen.“

Er reichte mir seine Visitenkarte. Dr. Harald Murmann, Direktion Deutsche Zeppelin-Reederei, stand da. In Gedanken erhöhte ich daraufhin meinen Tagessatz noch einmal.

„Was kann ich für Sie tun, Herr Dr. Murmann?“

„Ich bin in unserer Gesellschaft der kaufmännische Direktor. Wir sind sicher, dass jemand Gerüchte streut, die die Zuverlässigkeit und den Service unserer Zeppeline in Frage stellen. Insbesondere die ‚Hindenburg‘ ist davon betroffen. Dass diese Gerüchte von der Presse, die ja immer auf der Suche nach spektakulären Themen ist, bereitwillig verbreitet werden, macht uns Sorgen. Die Zahl der Passagiere im Nordatlantikverkehr ist bereits spürbar gesunken.“

„Vielleicht stecken die großen Schifffahrtslinien dahinter“, sagte ich. „Aus Angst, Sie könnten den Ozeandampfern zu viele Passagiere wegschnappen.“

„Nein“, winkte er ab. „Dazu ist unser Passagieraufkommen zu gering. Für die Schiffsreedereien sind wir keine Gefahr. Die kriegen ihre Dampfer auch so voll.

„Tja, Herr Dr. Murmann. Ich weiß nicht so recht, wie ich Ihnen helfen kann.“

Murmann holte aus seiner Aktentasche einen schmalen Ordner hervor.

„Ich habe hier Dossiers über die sechs Zeitungsredakteure, denen wir die negativen Berichte zu verdanken haben. Unsere Versuche herauszufinden, wer ihre Informanten waren, blieben leider erfolglos. Auf Gegendarstellungen haben wir verzichtet, um die Gerüchteküche nicht noch weiter anzuheizen."

Ich ahnte, worauf er hinauswollte, ließ ihn aber weiterreden.

„Ihre Aufgabe wäre es, den Presseleuten zu entlocken, von wem sie die Informationen bekommen haben. Die Kripo sagte mir, dass Sie in dieser Beziehung außerordentlich talentiert sein sollen."

Das stimmte. In meiner Abteilung hatte ich als Spezialist für schwierige Verhöre gegolten.

„Bei welchen Zeitungen sind die Redakteure beschäftigt?", wollte ich wissen.

Dr. Murmann nannte mir die Titel. Durchweg überregionale Blätter, die in Berlin, Leipzig und Hamburg erschienen.

„Und wie soll ich Ihrer Meinung nach an die Redakteure herankommen?"

„Nun, ich habe die sechs zu einer Pressereise eingeladen. Mit der ‚Hindenburg' in zweieinhalb Tagen nach New York, zurück in fünf Tagen mit dem Schnelldampfer ‚Bremen'. So eine Reise lässt sich kein Redakteur der Welt entgehen."

Er übergab mir den Ordner und blickte mich erwartungsvoll an.

„Was halten Sie davon mitzufahren? Nach der Landung könnten Sie noch am gleichen Tag mit dem Zeppelin wieder zurückfahren."

Ich musste schmunzeln. „Das klingt ja wie in dem neuen Roman von dieser Agatha Christie, Mord im Orientexpress. Sechs Verdächtige, nur diesmal nicht in einem Eisenbahnzug gefangen, sondern in einem Luftschiff. Und ich spiele den Privatschnüffler und entlarve den Täter."

Dr. Murmann nickte:

„Ja, genauso habe ich mir das vorgestellt."

Er meinte es also tatsächlich ernst.

Angesichts des Honorars, das er mir bot, war ich schnell einverstanden. Allerdings bekäme ich das Geld nur, wenn ich Erfolg hätte.

II

Am 23. August nahm ich den Morgenzug nach Frankfurt und fuhr sofort weiter zum Luftschiffhafen. Mächtig wie ein Ozeandampfer lag die silberne „Hindenburg" vor mir. Und sie war ja in der Tat auch nur zwanzig Meter kürzer als die unglückliche „Titanic".

Über eine Gangway betrat ich das untere Deck des Zeppelins. Ein Steward begrüßte mich und führte mich über den Treppenaufgang zum oberen Deck zu meiner Kabine. Der junge Mann bat mich, am nächsten Tag nach dem Frühstück in der Bibliothek hinter dem Salon zu sein: „Einer unserer Schiffsoffiziere wird Sie und Ihre

Kollegen von der Presse dann durch die ‚Hindenburg' führen. Und morgen ist um zwanzig Uhr im Speisesaal für Ihre Gruppe ein Tisch reserviert. Ein Vertreter der Deutschen Zeppelin-Reederei würde sich freuen, Sie beim Abendessen begrüßen zu dürfen."

Der Steward bedankte sich für das Trinkgeld und verschwand.

Ich packte meine kleine Reisetasche aus und war froh, dass ich die Doppelkabine für mich allein hatte. Viel Platz gab es nicht: ein schmales Bett – das obere Bett war zurückgeklappt –, Hocker, eine schmale Schreibplatte, Schranknische, Waschbecken und kein Fenster. Ich fühlte mich an die Arrestzellen in unserem Dezernat erinnert.

Die Kabine war kein Ort, um sich länger als erforderlich darin aufzuhalten. Bis zum Abendessen blieb noch etwas Zeit, und so ging ich über den Gang zum Salon auf der Steuerbordseite. Die „Hindenburg" befand sich bereits auf einer Höhe von zwei- oder dreihundert Metern, ohne dass ich etwas vom Aufstieg bemerkt hatte.

Ich war beeindruckt; es stimmte, was ich gehört hatte:

Der große elegante Salon bot aus den Panoramafenstern eine phantastische Aussicht auf Himmel und Landschaft. Die Inneneinrichtung – schnörkellos und gediegen – war in warmen Pastelltönen gehalten. Sogar ein kleiner Flügel stand im Salon. Ein sehr salopp gekleideter Mann, wohl ein amerikanischer Fahrgast, erfreute gerade die Passagiere mit ein paar Pianohits von Duke Ellington.

Ein Kellner reichte mir ein Glas Sekt, und ich setzte mich in einen der Sessel. Ich blickte mich um. Einige Passagiere hatte es sich wie ich bequem gemacht, andere genossen den Ausblick aus den Fenstern.

Um acht ertönte ein Gong. Mit den anderen Fahrgästen ging ich hinüber zum Speisesaal auf der anderen Seite des Schiffs. Der Ober wies mir einen Tisch zu, von dem aus ich am Abendhimmel hinter ein paar Schleierwolken den bereits hell scheinenden Mond sehen konnte.

Ich hatte angenehme Tischnachbarn; ein älteres Ehepaar, das ihren Sohn besuchen wollte, der in Harvard studierte. Das dreigängige Menü servierte uns der Ober auf feinem Porzellan, das mit einem stilisierten Zeppelin verziert war. Das Menü war mindestens so gut, wie ich es vom „Borchardt“ kannte – wenn meine chronisch knappe Kasse einen seltenen Besuch dieses Edelrestaurants zuließ. Nach einer netten Plauderei und ein paar Gläsern Wein spürte ich eine wohlige Müdigkeit und erhob mich vom Tisch. Morgen würde meine Detektivarbeit beginnen, ich wollte ausgeschlafen sein.

Auf dem Weg zur Kabine warf ich noch einen letzten Blick durch die Fenster des Promenadengangs. Dreihundert Meter unter mir funkelten wie auf einem Teppich aus schwarzem Samt die zahllosen Lichter der Städte und Dörfer Irlands.

III

Erst nach dem Frühstück traf ich vor der Bibliothek auf die sechs Zeitungsleute, die auf den Beginn der Führung warteten. Ich gesellte ich mich dazu und machte mich mit den Herren bekannt. Mit Dr. Murmanns Hilfe hatte ich mir die fiktive Identität eines Deutschlandkorrespondenten eines Schweizer Wirtschaftsmagazins zugelegt. Ich wolle prüfen, ob man Schweizer Geschäftsleuten die Überfahrt in die Vereinigten Staaten von Amerika mit der „Hindenburg“ empfehlen könne, würde ich vorgeben.

Mein Plan war es, jeden in harmlos klingende Einzelgespräche über die „Hindenburg“ zu verwickeln. Mein kriminalistisches Gespür würde mir dann schon verraten, wer und was hinter den Gerüchten steckte, war ich mir sicher. Die Themen, die ich ansprechen wollte, betrafen die in den Zeitungen beklagten angeblichen Mängel: unfreundliches Personal, Versorgungsengpässe und angsterregende Situationen bei Sturm und Gewitter. Einzeln betrachtet klangen die Punkte nicht allzu gravierend, doch in ihrer Häufung entstand der Eindruck, eine Reise mit der „Hindenburg“ wäre nur vergleichbar mit einer Höllenfahrt auf einem Seelenverkäufer aus der Zeit der Windjammer.

Ein Offizier in einer schmucken Uniform mit dem Emblem der Deutschen Zeppelin-Reederei begrüßte unsere Gruppe mit nicht überhörbarem Stolz in der Stimme:

„Genießen Sie die Fahrt, meine Herrschaften. Die ‚Hindenburg' bietet Ihnen einen Komfort, der die Fahrt zu einem unvergesslichen Erlebnis machen wird."

Er erläuterte uns auf unserem Rundgang die Einrichtungen der gesamten Fahrgastanlage.

„Selbst bei voller Fahrt ist bei geöffneten Fenstern keine Zugluft zu spüren", erklärte uns der Offizier, als wir im Salon vor den schräggestellten Fenstern des Promenadengangs standen.

Wir verließen den Salon über eine Treppe und betraten das untere Deck mit den Sanitär- und Duschräumen, der Offiziersmesse und der Küche. „Die Gerichte werden über einen Speiseaufzug ins obere Restaurant gebracht", erklärte uns der Chefkoch. Auch auf dem unteren Deck gab es links und rechts einen Promenadengang mit einer durchgehenden Fensterfront. Hier befand sich auch die Bar. Zur Begrüßung servierte uns der Barkeeper den „Maybach", einen geeisten Cocktail aus Gin, Kirschwasser und Kräuterlikör.

Nach dem Rundgang durch Ober- und Unterdeck verließen wir über einen schmalen Steg die Fahrgasträume und gingen zum Bug des Schiffs. Der Blick nach oben, wo sich in vierzig Meter Höhe die Spanten und gigantischen Aluminiumringe um die Gasballons schlossen, war überwältigend.

Wir durften sogar das Allerheiligste des Zeppelins besichtigen, die vor dem Post- und Funkraum gelegene Führergondel unterhalb des Bugs. Auf der Brücke erläuterte uns der Kommandant die Steuerung und Navigation des Schiffs.

„Auch schwere Stürme können der ‚Hindenburg' nichts anhaben. Bis auf ein sanftes Schaukeln spüren unsere Passagiere von Unwettern nichts. Noch nie ist jemand bei uns an Bord seekrank, das heißt luftkrank geworden", versicherte er uns.

Ich fühlte mich auf der „Hindenburg" in besten Händen. Ich war überzeugt, dass an den Gerüchten nichts dran sein konnte. Alles wirkte perfekt. Service, Einrichtung, Komfort und Schiffsführung ließen keine Wünsche übrig. Der Offizier beendete die Führung, und die Fleißigsten unter uns gingen in die Bibliothek, um in Ruhe erste Eindrücke zu notieren. Ihre Briefe und Telegramme gelangten per Rohrpost direkt in den Postraum vor der Kommandobrücke.

Nach dem Mittagessen bot sich mir Gelegenheit, mit den meisten Presseleuten ins Gespräch zu kommen. Soviel fand ich bei meinen Plaudereien heraus: Die Informationen über vermeintliche Probleme der „Hindenburg" stammten aus den Fernschreibern des Deutschen Pressediensts dpd.

Der Anfang der Meldungen lautete jedes Mal „Wie Passagiere, die ungenannt bleiben wollen, berichteten, habe es auf der Fahrt …" Die Redakteure hatten dann nichts weiter getan, als aus diesen Meldungen einen Artikel zu schneidern. Dass dabei wohl so manche Übertreibung einfloss, gehört nun einmal zur Arbeit von Zeitungsleuten. Schließlich muss die Auflage stimmen. Finstere Absichten steckten anscheinend nicht dahinter. Gab es vielleicht doch kein Komplott gegen die Deutsche Zeppelin-Reederei?

Ich führte noch einige Gespräche mit den Stewards und fand meinen Eindruck bestätigt: Sämtliche Vorwürfe schienen unberechtigt zu sein.

Das uns im Speisesaal an einem langen Tisch servierte Abendessen – Wildbretfilet in Rotweinsauce mit Berny-Kartoffeln – und der dazu gereichte Burgunder waren exzellent. Zum Abschluss gab es Apfelpfannkuchen, Kaffee und danach den obligatorischen Cognac.

Nach dem Dessert entspann sich ein lebhaftes Gespräch. Dabei ging es in erster Linie, wie sollte es auch anders sein, um Sport und Politik. Dass Hertha BSC zum dritten Mal in Folge deutscher Fußballmeister geworden war, gefiel wohl nicht allen in der Runde. Einigkeit bestand darin, dass die unter Reichspräsident Adenauer zustande gekommene Koalitionsregierung beim Völkerbund in Genf die Gründung der Vereinigten Staaten von Europa weiter vorantreiben würde.

„Meine Herren, ich bitte um Ihre Aufmerksamkeit", unterbrach die einzige Dame am Tisch unsere Gespräche. „Mein Name ist Anni Long. Ich leite die Presseabteilung der Deutschen Zeppelin-Reederei und möchte Sie im Namen unserer Gesellschaft nun auch offiziell an Bord der ‚Hindenburg' herzlich willkommen heißen."

Die junge Frau war ausgesprochen attraktiv. Eine dunkelblonde Schönheit, die selbstbewusst auftrat und sich von den neugierigen Blicken der Männer am Tisch nicht irritieren ließ.

Anni Long informierte uns über die Pläne ihrer Reederei für die kommenden Jahre:

„Ab Frühjahr 1941 werden wir regelmäßig von Frankfurt aus in knapp vier Tagen nach Yokohama fahren. Mit dem Schiff braucht man dafür über einen Monat. Die Testfahrt mit der ‚Hindenburg' in diesem Sommer anlässlich der Olympischen Spiele in Tokio verlief, wie die Presse auch berichtet hat, ohne größere Probleme."

Das stimmte nicht ganz. Gerade einige der hier vertretenen Zeitungen hatten über nicht ganz unerhebliche Schwierigkeiten während der Überfahrt nach Japan berichtet. Angeblich soll es über dem Territorium der Sowjetunion zu einem Beschuss des Zeppelins gekommen sein. Die Reederei dementierte das zwar, aber Gerüchte haben bekanntlich ein langes Leben.

Kritische Fragen wurden von meinen „Kollegen" nicht gestellt. Und so übernahm ich diese Aufgabe. Ich wollte Anni Long aus der Reserve locken:

„Fred Hammer vom Schweizer Wirtschaftskurier. Gab es nicht auch einen ernsten Zwischenfall auf der Fahrt nach Yokohama, Fräulein Long?"

„Sie haben recht, Herr Hammer, und ich will das auch nicht verschweigen." Sie machte eine kleine Pause. „Nach drei Tagen war uns das Bier ausgegangen. Die Herren vom Nationalen Olympischen Komitee, die mit uns reisten, hatten einen erstaunlichen Durst. Das war aber auch das einzige Problem."

Alles kicherte, und ich fühlte mich wie ein dummer Schuljunge. Kein Zweifel, Anni Long verstand ihren Job.

Aber ich war misstrauisch geworden. Meine Erfahrung als Kommissar sagte mir, dass die Frau etwas zu verbergen schien. Irgendwie wirkte sie zu perfekt, wie eine Schauspielerin, die uns eine Rolle vorspielte.

Nach dem Essen händigte sie jedem von uns ein aktuelles Exemplar des „Aeronauten“ aus, eines Fachmagazins über neue flugtechnische Entwicklungen. Da war wohl auch eine Portion Eitelkeit dabei, denn der Titel zeigte Anni Long bei der Schiffstaufe der „Graf Zeppelin II“, des neuen Schwesterschiffs der „Hindenburg“. Und sie sah auf dem Bild wirklich fantastisch aus.

Kurz vor Mitternacht servierten die Stewards im Salon noch einen kleinen Imbiss: eine Kraftbrühe und einen Schoppen Frankenwein. Zeit, schlafen zu gehen? Nicht für mich – die Bar war noch geöffnet.

Langsam verließ ich den Salon und ging zur Treppe, die zum unteren Deck führte. Ich brauchte einen Whisky, einen doppelten. Ich musste nachdenken.

In der Bar setzte ich mich ans Ende des Tresens und war froh, keinen Nachbarn zu haben. Der Barkeeper servierte mir einen Scotch auf Eis und dazu ein Glas Wasser. Von meinem Eckplatz konnte ich den Raum gut überblicken. Eine junge Frau und zwei ältere Männer, die an einem der niedrigen Tische an der hinteren Wand saßen, waren außer mir die einzigen Gäste. Die drei unterhielten sich angeregt, beflügelt vom Champagner, dem sie heftig zusprachen, wie ich sah.

Als sich meine Augen an das schummrige Licht gewöhnt hatten, erkannte ich die Frau. Es war Anni Long. Ihre beiden Begleiter hatte ich auf der Hindenburg noch nicht bemerkt. Zur Gruppe der Presseleute gehörten sie jedenfalls nicht. Ab und zu blickte Anni Long zu mir herüber und lächelte mich an – immer einen Wimpernschlag zu lang, um es nicht als Versuch eines Flirts auffassen zu können.

Normalerweise hätte ich das Spiel mitgemacht, doch jetzt war nicht die Zeit dafür; ich war mit meinen Gedanken woanders:

Am nächsten Tag würde der Zeppelin die Küste erreichen und über Manhattan den Landeanflug nach Lakehurst einleiten. Bis dahin musste ich die Drahtzieher der Diffamierungen entlarvt haben. So wie es aussah, standen die Chancen dafür schlecht.

Dr. Murmann war bereits vor zwei Wochen angereist. Und erwartete mich sicher schon ungeduldig. Und dann würde sich entscheiden, ob ich von ihm statt eines Honorars lediglich eine Rückfahrtkarte bekommen sollte.

Der Barkeeper brachte mir einen zweiten Whisky. Anni Long verließ mit den beiden älteren Herren, die leicht torkelten, die Bar. Bevor sie hinter sich die Tür schloss, blickte sie noch einmal zu mir herüber. Verdammt, war die Lady hübsch!

Ich musste mich zwingen, wieder an meinen Auftrag zu denken. Die sechs Redakteure hatten die Meldungen vom Deutschen Nachrichtendienst bekommen. Doch von wem stammten die Informationen, die der dpd hatte? Vielleicht von Anni Long? Die kannte die potenziellen Schwachstellen der „Hindenburg“ am besten. Sicher hätte man ihr Vertraulichkeit zugesichert. Unmöglich, sie würde sich doch selbst schaden, wenn sie

Gerüchte über die „Hindenburg" verbreiten ließe. Aber ein Unmöglich darf es für einen Kriminalisten nicht geben. Bevor ich weiter darüber nachdenken konnte, kam Anni Long in die Bar zurück und setzte sich wie selbstverständlich zu mir.

„Manchmal kann die Arbeit einer Pressesprecherin ziemlich anstrengend sein. Ich musste Ihre beiden Kollegen in die Kabine bringen. Allein hätten sie wahrscheinlich den Weg aufs Oberdeck nicht mehr gefunden."

„Kollegen?", fragte ich.

„Ja, Herr Hammer, Journalisten von der New York Times. Lustige Burschen. Aber jetzt brauche ich einen Drink. Darf ich Ihnen Gesellschaft leisten?"

„Gern, Fräulein Long."

„Nennen Sie mich doch Anni."

Der Barkeeper schenkte ihr einen Whisky ein.

„Auf Ihr Wohl, Anni. Ich bin Fred." Ich hob mein Glas und stieß mit ihr an. „Wollen wir uns an einen Tisch setzen?", fragte ich.

Sie nickte. Ich nahm die Gläser, und wir setzten uns in die Cocktailsessel in der hinteren Ecke. Ich wollte ihr auf den Zahn fühlen; den Mann hinter dem Tresen konnte ich dabei als Zuhörer nicht gebrauchen.

Anni legte ihre Hand auf meinen Arm und himmelte mich mit einem Ausdruck an, als wäre ich Cary Grant. Wollte sie wirklich nur mit mir flirten? Mein Misstrauen wurde stärker. Aber es gefiel mir, wie sie mich umgarnte. Ich musste mich zusammenreißen, um einen klaren Kopf zu behalten.

Nein, sie wollte etwas von mir. Aber nicht das, wonach es aussah.

Ich probierte den direkten Weg und wollte sie schocken. Manchmal hilft in Verhören nur die Methode des Bluffs.

„Anni, ich weiß, dass Sie den dpd über Probleme auf der ‚Hindenburg' informiert haben. Fragen Sie mich bitte nicht, von wem ich das weiß. Nur soviel, sie stammen von einem Freund, dem ich vertraue."

Selbst in dem schummrigen Licht sah ich, wie aus ihrem Gesicht alle Farbe wich. Sie zog ihre Hand zurück und sah mich fassungslos an. Volltreffer!

„Was, woher wissen…", begann sie zu stammeln, fing sich aber sofort wieder. „Was meinen Sie damit? Ich weiß nicht, wovon Sie reden, Herr Hammer", sagte sie kühl, sie konnte aber das Zittern ihrer Stimme nicht verbergen.

„Bleiben Sie doch ruhig bei Fred, Anni."

Dass mit dem dpd war von mir natürlich nur geraten. Immerhin wusste ich jetzt, dass ich auf der richtigen Spur war. Doch Anni schenkte mir nichts:

„Sie haben wohl zu viele Kriminalromane gelesen, Mister Meisterdetektiv."

Jetzt verschlug es mir die Sprache. Anscheinend kannte sie meine wahre Identität und die Rolle, die ich auf der „Hindenburg" spielen sollte. Anni musste von Dr. Murmann eingeweiht worden sein. Sie hatte mit mir geflirtet, um zu erfahren, was ich wüsste.

Der Zeitpunkt war gekommen, die Karten auf den Tisch zu legen.

„Es stimmt, ich bin Privatdetektiv. Wollen wir offen miteinander reden?

„Ja, es muss wohl sein." Sie war klug genug zu erkennen, dass es besser war, sich darauf einzulassen.

„Okay, Anni. Was haben Sie mit den Gerüchten eigentlich bezweckt?"

Sie blickte mich schuldbewusst an - wie ein kleines Schulmädchen, das beim Schummeln erwischt wird.

„Ich wollte nur, dass unser Service und unsere Qualität noch besser werden. Ich war da wohl etwas zu ambitioniert", flüsterte sie zerknirscht.

Zu ambitioniert? Nahm sie wirklich an, ich würde ihr das glauben? Fehlte nur noch, dass sie anfing zu weinen.

„Es tut mir so leid, Fred. Bitte sagen Sie Dr. Murmann nichts." Ein paar Tränen kullerten ihr doch jetzt tatsächlich über die Wange.

Es machte wenig Sinn, mit ihr weiter zu diskutieren. Sie würde dabeibleiben, nur das Beste für die „Hindenburg" gewollt zu haben. Um ihr etwas anderes nachzuweisen, brauchte ich handfeste Beweise.

„Es war ein langer Tag, Anni. Lassen Sie uns morgen weiterreden."

Ich begleitete sie zu ihrer Kabine und wünschte ihr eine gute Nacht. Sie zog noch einmal alle Register: Anni hob mir ihren Kopf entgegen und sah mich voller Erwartung an. Jeder andere Mann würde sie jetzt küssen … Nein, Mädchen, dachte ich, so leicht kommst du mir nicht davon. Ich lächelte sie an und machte kehrt.

Zum Schlafen war ich noch zu unruhig. Ich entschloss mich, in den Salon zu gehen, in dem so spät kein

Licht mehr brannte. Ich öffnete eines der Fenster – und fühlte mich wie im Weltall: Direkt vor meinen Augen erstreckte sich quer über den tiefschwarzen Himmel das helle Band der Milchstraße mit ihren unzähligen großen und kleinen Sternen.

Ob es dort irgendwo Leben gibt? Geschöpfe mit Hoffnungen und Sorgen, wie wir sie haben?

Nur ein Zeppelin, der in einer klaren Nacht fernab von den Lichtern der bewohnten Erde hoch über dem Meer seine Bahn zog, erlaubte diesen ergreifenden Blick in die Tiefe des Universums.

Im Bett griff ich zum „Aeronauten", um vor dem Einschlafen noch ein paar Minuten zu lesen. Erst jetzt sah ich, dass die Titelseite sogar das handgeschriebene Autogramm von Anni Long schmückte. An Selbstbewusstsein mangelte es der jungen Dame wirklich nicht!

Schon halb im Schlaf blätterte ich durchs Magazin – und war plötzlich wieder hellwach!

Hinten im Heft stand ein kurzer Bericht über Lutz Schütte, einen bekannten umtriebigen Großinvestor. Schütte plane, eine private Fluggesellschaft zu gründen, hieß es. Der Name stehe schon fest: „Albatros". Beginnen wolle Schütte mit drei Maschinen des neuen Typs Focke-Wulf 300. Welche Strecken Albatros bedienen wolle, würde Schütte später bekanntgeben. Ein Foto zeigte ihn im Kreis einer kleinen Gruppe von Personen.

Und eine davon war unverkennbar Anni Long!

Über die Focke-Wulf 300 war kürzlich ein Bericht in der Berliner Illustrierten zu lesen. Die viermotorige

Maschine für vierzig Passagiere hatte erst vor wenigen Wochen die Fertigungserlaubnis bekommen.

Ich brauchte nur noch 1 und 1 zusammenzuzählen: Auf der Nordamerikaroute verkehrte nonstop nur die „Hindenburg". Keine Fluggesellschaft hatte es bisher gewagt, mit ihren Maschinen über den Atlantik zu fliegen. Mit der FW 300, dem fortschrittlichsten Langstreckenflugzeug der Welt, wäre das erstmals möglich.

Wenn Lutz Schütte diesen Plan verfolgen sollte, müsste er der „Hindenburg" Passagiere abjagen. Keine einfache Sache; den Komfort eines Zeppelins könnten seine Flugzeuge niemals bieten. Nur in einem Punkt wäre die FW 300 dem Luftschiff überlegen: Statt fünfzig Stunden würde das Flugzeug nur zwanzig Stunden benötigen.

Alles fügte sich jetzt für mich zusammen. Anni Long hatte die Gerüchte im Auftrag von Lutz Schütte gestreut. Wahrscheinlich winkte ihr als Belohnung ein hoch dotierter Posten bei Albatros.

Falls sie versuchen würde, alles wieder abzustreiten, käme sie damit bei Dr. Murmann nicht durch. Das Bild im „Aeronauten" war eindeutig.

Dr. Murmann wird erstaunt sein, wenn er morgen erfährt, wem er die Rufschädigung zu verdanken hat.

IV

Bis zum Frühstück war noch etwas Zeit und so ging ich die Treppe hinunter zu den Promenadengängen auf dem Unterdeck. Wegen der starken Rundung des Schiffes war das Deck hier nicht so breit wie das darüber liegende Hauptdeck. Die Aussichtsfenster waren so schräg, dass man fast senkrecht nach unten blicken konnte. Aus der Höhe von höchstens zweihundert Metern sah ich einige Eisberge, einen Fischkutter und sogar ein Rudel auftauchender Wale.

„Etwa in einer Stunde erreichen wir die Küste von Neufundland", sagte mir ein Schiffsoffizier. „Das Wetter ist gut, wir werden pünktlich landen."

Meine Arbeit war getan. Die restliche Zeit an Bord wollte ich einfach nur genießen.

Anni Long tauchte nicht auf, weder im Speisesaal noch im Salon. Wie andere Passagiere auch vertrieb ich mir die Zeit damit, die unter uns vorüberziehende Szenerie zu bewundern: die felsige Küste von Maine, die Farmen zwischen Wiesen und Feldern, die in prächtiges Herbstlaub gekleideten Wälder, Cape Cod mit seinem weißen Leuchtturm und schließlich, fast zum Greifen nah, die Wolkenkratzer von Manhattan.

Nach der Landung in Lakehurst und der Pass- und Zollkontrolle ging ich direkt zum Gebäude der Deutschen Zeppelin-Reederei am Rande des Flugfelds.

Dr. Murmann begrüßte mich in seinem Büro, erkundigte sich kurz nach dem Reiseverlauf und wollte dann wissen, was ich herausgefunden hatte. Ich wunderte mich, dass er nicht besonders überrascht schien, als ich ihm sagte, von wem die Gerüchte stammten.

„Sie haben gute Arbeit geleistet, Herr Hammer", sagte er und zog an seiner Zigarre. „Leider zu gute."

In seinem Ton schwang Bedauern mit. Ich war verblüfft.

„Wie darf ich das verstehen, Herr Dr. Murmann?"

„Ich hatte gehofft, Sie würden nichts herausfinden. Oder zu dem Schluss kommen, dass hinter den Gerüchten kein gegen die ‚Hindenburg' gerichtetes Komplott stecken würde. Ich habe Sie wohl unterschätzt."

Ich verstand immer noch nicht, was er meinte.

„Aber Sie haben mir doch den Auftrag erteilt, die Schuldigen zu finden."

„Notgedrungen, Herr Hammer. Ich habe nur die Anweisung des Präsidenten unserer Gesellschaft befolgt."

„Aber warum wollten Sie…" in dem Moment ging die Tür auf und herein kam - Anni Long. Sie sah mich kühl an, ging sofort zu Dr. Murmann und begrüßte ihn mit einem Kuss. Mir verschlug es die Sprache. Was lief hier ab? Natürlich, die beiden steckten unter einer Decke! Wahrscheinlich hatte Schütte sie abgeworben und von ihnen verlangt, dafür zu sorgen, dass in naher Zukunft viele Reisende nicht die „Hindenburg" für die Fahrt über den Atlantik wählen, sondern Albatros.

In mir stieg kalte Wut hoch. Ich musste das Albatros-Komplott durchkreuzen.

„Was meinen Sie, was mit Ihnen passiert, wenn ich Ihren Präsidenten oder die Öffentlichkeit über Ihre infamen Machenschaften informiere. Sie wären dann erledigt. Und Ihre reizende Mitarbeiterin auch. "

Dr. Murmann lächelte milde.

„Ach, Herr Hammer. Ich bin Ihr Mandant. Schon mal was vom Strafbestand des Mandantenverrats gehört?

Wenn Sie Ihre Schweigepflicht verletzen, drohen Ihnen Gefängnis und natürlich der Entzug Ihrer Lizenz."

Tja, da hatte Dr. Murmann leider recht. Unser Vertrag trug seine Unterschrift, und zwar nicht als Bevollmächtigter der Deutschen Zeppelin-Reederei, sondern als Privatperson. Der schlaue Fuchs musste von Anfang an geplant haben, mich zur Verschwiegenheit zu verpflichten.

Ich riss mich zusammen, ihm nicht einen Fausthieb in seine Visage zu versetzen. Mir blieb nichts weiter übrig, als mich geschlagen zu geben. Es war nicht das erste Mal, dass ich in feinen Zwirn gekleidete Halunken ungeschoren davonkommen lassen musste.

Ich kassierte meinen Scheck und wollte aus dem Büro verschwinden. An der Tür drehte ich mich noch einmal um.

„Verraten Sie mir, warum Sie und Ihre Komplizin Ihrer Gesellschaft in den Rücken gefallen sind, Herr Doktor?"

„Das will ich Ihnen gern sagen. Die Zukunft der Luftfahrt gehört den Flugzeugen. Zeppeline werden wie die Saurier aussterben. Zu langsam und zu unflexibel. Time is Money, Herr Hammer. Schon in Kürze werden Großflugzeuge nach New York, Kapstadt und Tokio fliegen. Nicht in Tagen, sondern in Stunden. An diesem Geschäft wollen wir teilhaben."

Er sah mich triumphierend an. Ganz anders Anni Long; sie hielt den Kopf gesenkt. Ich hoffte, dass ihr vielleicht bewusst geworden war, in welches perfide Spiel Dr. Murmann hineingezogen hatte.

Ich schlug die Tür hinter mir zu und verließ das Gebäude.

Langsam begann ich, mich besser zu fühlen.

Bis zum Rückflug der „Hindenburg“ blieb mir noch viel Zeit. Ich setzte mich auf die Terrasse des Flughafenrestaurants und beobachtete die Bodenmannschaft, wie sie das Luftschiff aus dem riesigen Hangar zog.

Vielleicht hat Dr. Murmann mit seiner Prognose recht, dachte ich. An das Ende der silbernen Giganten am Himmel wollte ich dennoch nicht glauben. Nein, war ich mir sicher, Dr. Murmann irrte sich. Zeppeline werden sich auch in Zukunft neben den schnellen Flugzeugen behaupten können. Nicht für Geschäftsreisen, aber für Erlebnisreisen der ganz besonderen Art. Aus einem in den Lüften schwebenden Luxushotel auf unsere schöne Erde zu blicken, dürfte auch noch in hundert Jahren ein faszinierendes Abenteuer sein.

Ich trank meinen Kaffee aus und machte mich auf den Weg zur Passkontrolle. Ich freute mich auf die vor mir liegenden Tage. So eine Fahrt würde ich wahrscheinlich in meinem ganzen Leben nicht noch einmal machen können.

April 2035

DAS RÄTSEL VON RAPA NUI

Wenn sich ab Anfang der dreißiger Jahre große Luftschiffe am Himmel zeigen sollten, wird es sich wahrscheinlich um sogenannte Hybridschiffe handeln.

Bei Hybrid-Luftschiffen kommt zum Auftrieb durch Helium ein kräftiger dynamischer Auftrieb hinzu. Dieser zusätzliche Auftrieb wird wie bei einem Flugdrachen durch den breiten Schiffskörper in Flunderform erzeugt. Der Schub von Propellern sorgt dann dafür, dass über dem Rumpf eine Sogwirkung entsteht, die das Luftschiff nach oben zieht. Diese bis zu 300 m langen und 150 m breiten klimaneutralen Zeppeline könnten rund 100 bis 200 Passagiere befördern. Höchstgeschwindigkeit: 200 km/h. Bei Zwischenlandungen sind aufwendige Einrichtungen am Boden nicht erforderlich.

Lassen Sie sich rund fünfhundert Jahre nach der ersten Weltumsegelung des portugiesischen Seefahrers Ferdinand Magellan auf eine abenteuerliche Reise der ganz besonderen Art mitnehmen:

Am 2. April 2035 wird der Luxusliner „Magellan" von Berlin aus zu einer Weltumrundung aufbrechen. Wenn Sie dabei sein wollen, sollten Sie schon mal anfangen, kräftig zu sparen. Ganz billig wird es sicher nicht. Das folgende Programm soll Ihnen einen kleinen Vorgeschmack auf das geben, was Sie auf der Reise erwarten könnte. Sie können sicher sein, die eine oder andere Überraschung dürfte mit dabei sein …

Die „Magellan" fährt mit Ihnen vom Luftschiffhafen in Berlin-Tempelhof aus über Europa, Afrika, Südamerika, Ozeanien, Australien und Asien rund um die Erde wieder zurück nach Berlin:

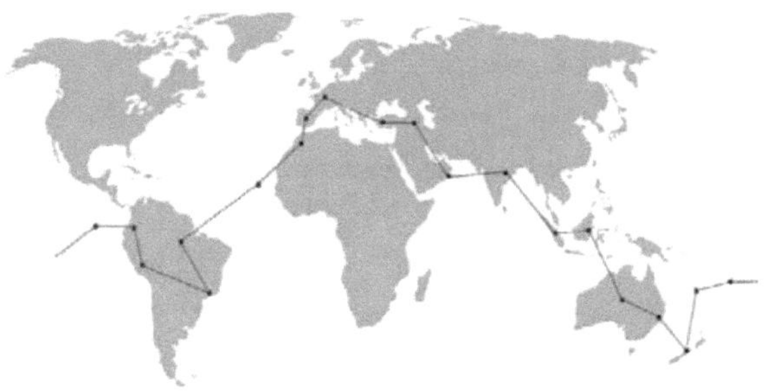

Die Fahrgastanlage der „Magellan" unterhalb des Schiffsrumpfs erstreckt sich über zwei Etagen.

Auf dem unteren Deck liegen jeweils 25 Doppelkabinen an den beiden Längsseiten des Schiffs. Alle verfügen über ein Duschbad und ein Fenster, das geöffnet werden kann. Zwischen den beiden Kabinenreihen befinden sich ein Theatersaal und ein Spa. Am Ende des Kabinentrakts bietet ein verglaster Aussichtssalon einen 180°-Blick auf Land und Meer. Hier befindet sich auch der Zugang zu den seitlichen Sonnenbalkons. Für Mutige gibt es einen sogenannten Skywalk, einen gläsernen Boden, auf dem man herumlaufen kann.

Das Restaurant auf dem oberen Deck erlaubt den Blick durch breite Fensterfronten, an denen ein Promenadengang vorbeiführt. Vor dem Restaurant liegen mehrere Aufenthaltsräume: ein Leseraum, eine Businesslounge, eine Bar und ein Salon. Hinter dem Restaurant befindet sich ein Nightclub.

Die Reiseroute führt soweit wie möglich über Land. Ihr schwebendes Zuhause ist immer dabei; übernachtet wird an Bord. Im grenzüberschreitenden Verkehr werden alle Zoll- und Passformalitäten bei den Zwischenlandungen an Bord erledigt.

Auf den ersten Blick scheint es fast unmöglich zu sein, die Weltreise in dreißig Tagen zu bewältigen. Doch bei einer Durchschnittsgeschwindigkeit von 120 km/h würde die „Magellan" in dieser Zeit rechnerisch 86.000 km zurücklegen können; das ist fast der doppelte Erdumfang. Für Landgänge bliebe also immer noch genügend Zeit.

Bereits rund hundert Jahre zuvor gelang es einem Luftschiff die Erde zu umfahren: Am 15. August 1929 startete in Friedrichshafen die „Graf Zeppelin" zu ihrer legendären Weltumfahrt über Russland, Japan und die Vereinigten Staaten zurück nach Deutschland. Inklusive der Zwischenstopps dauerte diese Reise 21 Tage.

Der genaue Fahrplan der „Magellan" hängt natürlich von der politischen Wetterlage ab. Zugegeben, bei den Zielen war eher der Wunsch der Vater des Gedankens und weniger die heutige Realität. Doch politische Situationen können sich rasch und unerwartet ändern …

Strenge Reise- und Landebeschränkungen als Folge einer Pandemie müssten für die „Magellan" kein Hindernis sein: Sehenswürdigkeiten lassen sich auch aus der Luft bewundern – ohne Gedränge am Boden. Aus geringer Höhe langsam über Wüsten und Wälder zu schweben, auf Tempelstädte, Pyramiden und Tropenparadiese zu blicken, wäre sicher ein so einzigartiges Erlebnis, dass man Landausflüge kaum vermissen würde.

Auf diese Highlights dürfen Sie sich freuen

Tag 1: Von Berlin in die Champagne, nach Burgund und zu den Schlössern an der Loire

Tag 2: Über die Pyrenäen nach Madrid. Über Kastilien-La Mancha nach Sevilla und Gibraltar. Tanger

Tag 3: Die Sahara und die vier Königsstädte Marokkos.

Tag 4: Kanarische Inseln. Weiter nach Westafrika

Tag 5: Über den Gambia-Fluss in den Nationalpark Kiang West. Das Saloum-Delta im Senegal

Tag 6: Kapverden: Der Feuergipfel Pico do Fogo

Tag 7: Über den Atlantik nach Belem in Brasilien

Tag 8: Amazonas-Regenwald, Rio Negro und Manaus

Tag 9: Mato Grosso und die Feuchtgebiete des Pantanal-Nationalparks

Tag 10: Rund um Zuckerhut und Corcovado

Tag 11: Tropischer Dschungel und die Iguazu-Wasserfälle

Tag 12: La Paz und Titicacasee. Die prähistorischen Scharrbilder von Nazca

Tag 13: Durch die Canyons der Anden ins Inkareich: Cuzco und Machu Picchu

Tag 14: Von Quito zu den Galapagosinseln

Tag 15: Über den Pazifik nach Polynesien

Tag 16: Die steinernen Statuen der Osterinsel

Tag 17: Tahiti. Über den Korallenriffen von Bora Bora

Tag 18: Das Südseeparadies Samoa

Tag 19: Strandtag auf Fidschi. Bootsausflug

Tag 20: Von Sydney zum Uluru (Ayers Rock)

Tag 21: Über die Bergketten des Nordterritoriums zu den weiten Eukalyptuswäldern an der Küste

Tag 22: Die Reisterrassen von Bali, die Pyramide von Boropudur auf Java

Tag 23: Borneo und Sumatra. Rangoon und die Pagoden von Mandalay

Tag 24: Vorbei am Himalaya nach Rajasthan. Die „goldene Wüstenstadt" und der Seepalast

Tag 25: Oman und Dubai. Iran: Die Ruinen von Persepolis und die Paläste Isfahans

Tag 26: Kappadokien, die Kalkterrassen von Pamukkale, Istanbul. Dalmatinische Küste

Tag 27: Venedig, Gardasee, Comer See

Tag 28: Lombardei und der Lago Maggiore: Erholungstag vor dem Rückflug

Tag 29: Über die Alpen um den Gipfel des Matterhorns und zum Montblanc

Tag 30: Schwarzwald, Elsass, Rhein. Ankunft auf dem Luftschiffhafen in Berlin-Tempelhof

Auch wenn Sie einige der Sehenswürdigkeiten auf dieser Reise bereits kennen - erst der Blick aus der Vogelperspektive zeigt Ihnen die ganze Schönheit unserer Erde. Wir sollten auf sie achtgeben; wir haben nur eine!

Über dem Pompeji der Südsee

Angesichts der Fülle der Eindrücke auf der Weltreise empfiehlt es sich, ein Reisetagebuch zu führen. Was würde man darin über die Reise erfahren können?

Werfen Sie einen Blick in die Zukunft, und lesen Sie den Bericht eines Passagiers über einen bemerkenswerten Tag im Jahr 2035. Die Aufzeichnungen zeigen, dass eine Weltreise mit der „Magellan" nicht nur faszinierend, sondern auch abenteuerlich sein kann.

Es ist der Morgen des 16. April. Das Luftschiff befindet sich auf dem Weg von den Galapagosinseln nach Rapa Nui, zur Osterinsel. Umgeben von der Weite des Pazifischen Ozeans ist es das abgelegenste bewohnte Stück Land der Erde. Die chilenische Küste im Osten ist 3.500 Kilometer entfernt, Tahiti im Westen 4.300 Kilometer. Dieser Tag soll der einzige „Seetag" der „Magellan" sein.

Viele Stunden hat die „Magellan" die endlose Wasserwüste schon überflogen. Die Passagiere genießen den seltenen Erholungstag ohne Landgang und ohne das Bewundern spektakulärer Kultur- oder Naturdenkmäler von oben. Abwechslung gibt es an Bord genug: ein wenig auf dem Sonnenbalkon im Deckchair dösen, ein Work-out im Spa, im Aussichtssalon ein Buch lesen oder am Nachmittag einem virtuellen Konzert im Theatersaal lauschen. Und nach dem Abendessen und einem Drink an der Bar können sich Hobbyastronomen auf den Seitenbalkons die Sternbilder der südlichen Hemisphäre fachkundig erklären lassen.

Am nächsten Vormittag würde die „Magellan" die Osterinsel erreicht haben. Für unseren Chronisten und seine Mitpassagiere verlief der kommende Tag aber ganz anders als erwartet. Lesen Sie seinen Bericht:

Als der Morgen zu dämmern begann, ging ich auf den Sonnenbalkon auf der rechten Schiffsseite, um mir ein immer wieder beindruckendes Schauspiel anzuschauen: Erst war es ein schmaler rosafarbener Streifen am Horizont, und dann zeigte sich die aufgehende Sonne – ein dunkelroter Ball, der den Himmel orange färbte und die letzten schwarzen Nachtwolken vertrieb. Nur ein paar Minuten später strahlte die Sonne schon so stark, dass ich mich trotz des kühlenden Fahrtwinds lieber nach innen in den Aussichtssalon mit seinen großen Panoramascheiben begab. Ich blickte auf die tiefblaue See, ohne etwas Bemerkenswertes zu sehen. Bis zur Landung auf der Osterinsel konnte es nicht mehr lange dauern. Merkwürdig, fragte ich mich, warum beginnt die ‚Magellan' langsamer zu werden und zu sinken? Als das Luftschiff nur noch etwa hundert Meter über dem Meer schwebte, tauchte am unteren

Fensterrand Land auf und bedeckte schnell das gesamte Sichtfeld. Ich blickte auf eine felsige flache Insel, ungefähr so groß wie Helgoland.

Immer mehr Mitpassagiere kamen aus ihren Kabinen oder aus dem Frühstücksraum in den Aussichtssalon und waren wie ich von dem unerwarteten Auftauchen von Land überrascht. Aber es war nicht die Insel selbst, die wir aus einer Höhe von jetzt zwanzig bis dreißig Metern bestaunten – es waren die uralten Ruinen einer Tempelanlage.

Aus dem Lautsprecher im Salon ertönte eine Stimme:

„Meine Damen und Herren, hier spricht der Kapitän. Um eine Gewitterfront zu umfahren, haben wir unseren Kurs ändern müssen. Wir befinden uns jetzt über einem Gebiet jenseits aller Schifffahrtslinien, ungefähr hundert Kilometer nordwestlich von Rapa Nui. Die Insel unter uns ist auf den Seekarten als unbewohnter Felsen verzeichnet. Rings herum gibt es Klippen und unterseeische Gipfel, die das Anlanden von Booten extrem schwierig machen. Das, was wir unter uns sehen, ist eine Sensation. Vor Jahrhunderten muss die Insel einmal bewohnt gewesen sein. Betrachtet man die Ruinen vom Meer aus, dürften sie wie Felsen aussehen. Nichts, was eine genaue Untersuchung lohnen würde. Meine Damen und Herren, ich glaube, wir haben heute eine fantastische Entdeckung gemacht."

Die „Magellan" ging noch tiefer herunter, so dass auch Einzelheiten gut zu erkennen waren: eingefallene Beobachtungstürme, Zisternen und steinerne Plattformen, auf denen umgestürzte Statuen lagen – monumentale Moai wie auf der Osterinsel. Kein Zweifel, die Insel gehörte zum frühgeschichtlichen Kulturraum von Rapa Nui.

„Das ist wie die Entdeckung von Pompeji", flüsterte mir der Mann zu, der neben mir stand. „Das Reich der Rapanui muss viel mehr als nur die Osterinsel umfasst haben. Wie wir jetzt vermuten dürfen, gehörten zahlreiche Inseln dazu. Wahrscheinlich lagen sie auf einer Kette erloschener Vulkane, die über der Meeresoberfläche hinausragten. Bis sie vor einigen hundert Jahren durch ein Erdbeben von der See verschlungen wurden."

Mein Nachbar, ein Archäologieprofessor aus Frankfurt, schüttelte immer noch fassungslos den Kopf.

„Auslöser für den Niedergang der Rapanui-Kultur waren also nicht die kriegerischen Auseinandersetzungen verfeindeter Clans oder die hemmungslose Ausbeutung der ökologischen Ressourcen, wie es in den Geschichtsbüchern heißt, sondern eine gigantische Naturkatastrophe."

Nach einer halben Stunde setzte die „Magellan" ihre Fahrt fort und erreichte eine Stunde später die Osterinsel. Die Aufregung über die Entdeckung am heutigen Morgen war auch abends noch zu spüren.

Damit endet der Bericht unseres Chronisten über ein denkwürdiges Ereignis, das das Bild von der Geschichte Polynesiens verändern würde.

Das Zeitalter der Entdeckungen wird auch 2035 noch nicht vorbei sein. Ob in den Regenwäldern Amazoniens, in den Wüsten Innerasiens oder in den Schluchten des Himalayas – überall warten Rätsel der Vergangenheit darauf, gelöst zu werden. Auch mit Hilfe von Zeppelinen? Noch ist das eine Vision, doch könnte sie bald wahr werden.

November 2051

DIE STADT IN DEN WOLKEN

Unter den sonnennahen Planeten Merkur, Venus, Erde und Mars ist die Venus am geheimnisvollsten. Möglicherweise gab es auf der Venus wie auf der Erde vor Jahrmillionen Wasser, eine erdähnliche Atmosphäre und urzeitliches Leben, bis ein noch nicht vollständig erforschter Treibhauseffekt die Temperatur dramatisch ansteigen ließ. Heute ist die Luft erfüllt mit giftigen Gasen, und auf der Oberfläche ist es höllisch heiß. Doch in einer Höhe von fünfzig Kilometern sind Strahlung, Temperatur und Schwerkraft fast identisch mit den Verhältnissen auf der Erde. Wahrscheinlich könnten sich Menschen hier aufhalten.

Und damit kommen wir zu einem unglaublichen Plan:

Die NASA möchte den Treibhauseffekt der Venus vor Ort analysieren und die Erkenntnisse für den Kampf gegen den Klimawandel auf der Erde nutzen. Science-Fiction? Noch ja, aber vielleicht nicht mehr lange. Ziel des sogenannten HAVOC-Projekts der NASA ist es, mit einem bemannten Zeppelin die Venus oberhalb der dichten Wolkendecke zu umrunden und zu erforschen. (HAVOC steht für „High Altitude Venus Operational Concept".)

Zur Venus gelangt das Luftschiff in einem Raumschiff. In der Venusatmosphäre mit ihrem etwas höherem Außendruck wird dann die platinbeschichtete Zeppelinhülle entfaltet und mit Sauerstoff und Stickstoff gefüllt. Dieses Gasgemisch hat eine geringere Dichte als die Venusatmosphäre und verleiht damit dem Zeppelin den nötigen Auftrieb.

Und die Pläne der NASA gehen noch weiter:

Durch eine ganze Flotte von Luftschiffen könnten Menschen in einer Art Zeppelinsiedlung in der Venusatmosphäre dauerhaft wohnen und mit Hilfe von Sonnenenergie und Gewächshäusern autark existieren. Sauerstoff und Wasser ließen sich aus den Wolken gewinnen. Wissenschaftler halten es sogar für möglich, dass es in der Venusatmosphäre lebende Mikroorganismen gibt.

„Venus Cloud City" nennt die NASA ihre Vision – Stadt in den Wolken, die später auch offen sein soll für Weltraumtouristen und sogar für Kolonisten.

Doch in unserer Erzählung ist es noch nicht so weit. Erst nach der Errichtung der ersten Marsstation im Jahr 2034 wird die Venus Ziel der bemannten Raumfahrt geworden sein.

In mehreren Flügen hat ab 2048 ein Raumschiff Wissenschaftler und Besatzung zur „Venus One" gebracht, dem ersten Großzeppelin in der Venusatmosphäre.

Beim vierten Raumflug zur Venus drei Jahre später ist der 28jährige Mark Heller aus Deutschland mit dabei.

I

21. November 2051 (Erdzeit), an Bord der „Venus One“

„Warum wolltest du zur Venus, Mark?“ Chen Li blickte Mark, mit dem er sich eine Kabine teilte, neugierig an.

Warum sich Mark bei der Nasa für die internationale Havoc-Mission beworben hatte, wusste er selbst nicht mehr so genau. Abenteuerlust war es sicherlich nicht. Denn dass dort oben in der Venusatmosphäre irgend etwas Aufregendes passieren würde, hatte er sich nicht vorstellen können. Wissenschaftliche Neugier? Auch nicht. Seine Aufgabe war es, sich als Agraringenieur um die Etagen-Hochbeete zu kümmern und die vierundzwanzigköpfige Besatzung mit schmackhaften und gesunden Mahlzeiten aus Gemüse, Obst, Algen und Sprossen zu versorgen. Nicht ganz einfach, und schon gar nicht unwichtig. Währens seines Militärdiensts auf einem U-Boot hatte er gelernt, dass die Ansprüche ans Essen umso höher sind, je länger die Fahrten sind. Und ein Jahr lang über der Venus zu schweben, versprach nicht gerade sehr spannend zu sein. Knapp hundert Tage hatte der Hinflug in der Schwerelosigkeit eines Raumschiffs gedauert, und elf Monate Dienst auf der Venus One lagen nun noch vor ihm.

Mark saß mit Chen, einem Mechatroniker aus Taiwan, in der Cafeteria. Es war ihre vierte Woche an Bord.

Chen wiederholte seine Frage: „Warum wolltest du zur Venus? Was war der Grund?“

Mark wusste bereits, dass es Chen seit der Kindheit schon immer zu den Sternen gezogen hat. „Ich bin weltraumsüchtig und wollte unbedingt mal zum Mars. Da es damit nicht geklappt hat, musste es eben die Venus sein", hatte er als Motiv genannt.

Für Mark hatte es eigentlich keinen wirklichen Grund gegeben. Jedenfalls nicht den einen, entscheidenden. Vieles kam zusammen: seine Freundin Luisa hatte ihn verlassen, und sein letzter Job bei einer Tiefkühlkostfirma langweilte ihn. Ohne groß zu überlegen, bewarb er sich bei der Europäischen Raumfahrtagentur Esa, dem für die Rekrutierung der „Venus-One"-Crew zuständigen Partner der Nasa. Er war jung, gesund und fit, doch nicht im Traum hatte er damit gerechnet, nach vielen physischen und psychischen Tests für den vierten Transferflug ausgewählt zu werden.

Im Moment hatte Mark wenig Lust, Chen seine Lebensgeschichte zu erzählen. Er machte es kurz.

„Warum ich zur Venus wollte? Schuld war Perry Rhodan."

„Perry wer?"

„Perry Rhodan, der Retter des Universums."

Chen schüttelte verständnislos den Kopf.

„Das musst du mir erklären, Mark."

„Gern. Im Keller meines Großvaters fand ich als Junge ein paar alte Hefte aus den sechziger Jahren des vorigen Jahrhunderts, Science-Fiction-Erzählungen. Damals wusste noch niemand, was sich unter der stets geschlossenen Wolkendecke der Venus verbirgt. Und so wurde der Sternenkrieger Perry Rhodan vom Heftautor in eine schwüle Dschungelwelt geschickt, in der es von schrecklichen Kreaturen nur so wimmelte: mannsgroße Spinnen, fleischfressende Ameisen, Riesenschlangen und Saurier. Commander Rhodan kämpfte sich mit seiner Crew bei Dauerregen durch die Urwälder und Sümpfe und stieß auf eine Stadt unter einer gläsernen Kuppel, in der die letzten Venusianer lebten, menschenähnliche hochintelligente, aber nicht sehr liebenswerte Geschöpfe. Sie waren gerade dabei, ein bewaffnetes Raumschiff zu bauen, mit dem sie die lebensfreundlichere Erde erobern wollten. Im letzten Moment gelang es Perry Rhodan, die Vernichtung der Menschheit zu verhindern.“ Mark machte eine kleine Pause und fuhr dann fort:

„Ich habe die Abenteuer meines Superhelden förmlich verschlungen, Chen. Ich schwor mir, eines Tages zur Venus zu reisen.“

Chen schmunzelte, wurde dann aber wieder ernst:

„Und jetzt sind wir es, die die Erde retten wollen, Mark. Diesmal vor dem Klimakollaps.“

„Ja, unter uns ist eine giftige, glühend heiße Hölle“, sagte Mark und trank nachdenklich seinen Kaffee aus. „Die Erde darf nicht das gleiche Schicksal erleiden.“

Ihm wurde bewusst, wie gefährlich die Mission war. Ein Absturz der „Venus One“ … nein, daran durfte hier oben keiner denken. Er wusste, dass die Zukunft der Menschheit vom Erfolg des Havoc-Projekts abhängen könnte. Er selbst war dabei nur ein kleines Rädchen. Zumindest durch nahrhafte, frische Kost könnte er die Wissenschaftler dabei unterstützen herauszufinden, wie es zu dem tödlichen Treibhauseffekt auf der Venus gekommen war. Allein durch Vulkanausbrüche war das nicht zu erklären.

Vermutlich hatte es ähnlich wie im Karbonzeitalter der Erde vor Jahrmillionen auf der Venus riesige Farne, tropische Wälder und vielleicht sogar urzeitliches Getier gegeben. Doch dann brachten extrem steigende Temperaturen alles Leben zum Erlöschen.

Auch auf der Erde hatte der Klimawandel seit Beginn der Industrialisierung zu einer deutlichen Verschlechterung des Ökosystems geführt. Mit Hilfe internationaler Abkommen war es zwar gelungen, den CO_2-Ausstoß durch den Verzicht auf fossile Energieträger zu bremsen, der verbliebene hohe Anteil in der Atmosphäre speicherte die Sonnenwärme aber noch immer wie unter einer Käseglocke. Überflutungen, Wirbelstürme Hitzewellen und Waldbrände machten fast allen Ländern nach wie vor schwer zu schaffen.

Mark und Chen verließen die Cafeteria und schlenderten zu ihrer Kabine auf Deck III. Nach dem Flug zur Venus in der Schwerelosigkeit genossen sie es, die Gravitation zu spüren. Noch immer staunten sie, wieviel Platz das Luftschiff bot. Die „Venus One" war zwar nur halb so groß wie das legendäre Luftschiff „Hindenburg" aus dem letzten Jahrhundert, aber anders als bei den Zeppelinen auf der Erde benötigte sie keine mit Helium gefüllten riesigen Gasballons in ihrem Innern. Aufgrund des höheren Außendrucks reichte es, den gesamte Zeppelin mit atembarer Luft zu füllen, um ihn schweben zu lassen. Auf diese Weise war der Schiffskörper fast vollständig nutzbar, und auf Einrichtungen wie Cafeteria, Kasino, und Fitnessstudio brauchte nicht verzichtet zu werden.

Am hinteren Ende des Schiffsrumpfes gab es sogar eine offene Plattform, die ohne Schutzkleidung betreten werden durfte – wegen der giftigen Atmosphäre aber natürlich nur mit Atemmaske. Die Plattform diente auch als Andockstation für das Shuttle vom Raumschiff, wenn es im Orbit kreiste.

Zwischen Mark und Chen hatte sich schnell ein freundschaftliches Verhältnis entwickelt. Beide teilten ihre Leidenschaft für die Popmusik der achtziger Jahre und Sport. So oft es ihr Dienstplan ermöglichte, liefen sie mehrere Runden auf dem über den fast dreihundert Meter langen Rundkurs entlang der Innenseiten des Zeppelins, immer mit den Songs von Bruce Springsteen, Abba oder Whitney Houston im Ohr.

Viel Zeit für Privates blieb allerdings nicht; für Chen gab es ständig irgendwelche Wartungsarbeiten zu erledigen, und für Mark erforderte die Pflege der Gemüsepflanzungen seine ganze Aufmerksamkeit. So war er froh, sich fast jeden Abend nach der Arbeit im Gewächshaus und im Lebensmittellabor für eine halbe Stunde auf die Außenplattform setzen zu können und bei angenehmen 20 Grad die Stille zu genießen. Nur die Atemmaske mit der kleinen Luftpatrone erinnerte ihn daran, dass die Atmosphäre hauptsächlich aus CO_2 bestand.

Manchmal sah er sogar die Erde – eine hellblau schimmernde Perle am dunkelvioletten Abendhimmel der Venus …

Die Aussicht auf die tief unter ihm liegende Wolkendecke, die sich weit bis zum Horizont erstreckte, war fantastisch – als ob er auf ein Meer aus Watte blickte, dessen Farbe ständig zwischen rosa und grün changierte. Dass darunter Höllentemperaturen herrschten, war kaum vorstellbar, aber tödliche Realität. Der Himmel war blassgelb, bis die Sonne unter dem Horizont verschwand. Noch wenige Minuten, dann würde das Luftschiff die dunkle Seite des Planeten überfliegen.

Die Venus besitzt keine Eigenrotation. Sie umkreist die Sonne in 225 Erdentagen und wendet ihr dabei immer dieselbe Seite zu. Damit an Bord der „Venus One" der von der Erde gewohnte Tag-Nacht-Rhythmus herrschte, war der Zeppelin so programmiert, dass er die Venus in vierundzwanzig Stunden auf einem um die Tag-Nacht-Grenze schlingernden Kurs umkreiste. Der virtuelle Venustag dauerte für die Besatzung somit sechzehn Stunden, die Venusnacht acht Stunden.

„Hallo Mark, ich brauche mal eine kleine Pause. Störe ich dich?"

Mark musste sich nicht umdrehen. Er wusste sofort, wem die Stimme gehörte.

„Natürlich nicht, Grace. Gut, dass du da bist. Ich möchte dir etwas zeigen."

Dr. Grace Makomba, eine gebürtige Südafrikanerin, war Expertin für Pflanzengenetik und mikrobakterielle Analysen. Sie war damit Marks direkte Kollegin. Und sie war eine ausgezeichnete Basketballspielerin, wie Mark und Chen im Sportraum der „Venus One" bereits feststellen durften.

Mark erhob sich und ging mit ihr an die Brüstung. Grace sah ihn fragend an.

„Nun, was möchtest du mir zeigen? Hast du ein Ufo der Venusianer gesehen?“, fragte sie mit einem feinen Lächeln.

Die tiefstehende Sonne verlieh ihrem Teint einen goldbronzenen Schimmer. Mark versuchte, sich nicht anmerken zu lassen, wie fasziniert er von Grace war. Chen hat recht, dachte er, sie sieht aus wie eine Königin aus der Zeit der Pharaonen.

„Ich sitze hier fast jeden Abend, Grace. Und jedes Mal vor dem Verschwinden der Sonne sehe ich dort hinten für kurze Zeit eine Art Wolke.“

„Ja und? Was ist daran so besonders?“

„Die Wolke ändert beständig ihre Form. Wie ein Polarlicht. Und sie ist grün.“

„Das wird eine optische Täuschung sein. Da ist sicher nichts.“ „Warte, gleich ist es soweit.“

Dann sah auch Grace die Wolke.

Erst war es nur ein kleiner kreisförmiger Fleck über dem Horizont, der größer und dann wieder kleiner wurde. Eine normale Wolke konnte es nicht sein. Dazu wechselte das moosgrüne Gebilde zu schnell seinen Umriss. Dann verschwand es, als das Luftschiff in die Dunkelheit der Venusnacht eintauchte und nur noch die Sterne am Himmel zu sehen waren.

Grace blickte Mark erstaunt an.

„Was war das? Eine atmosphärische Störung?“

„Das glaube ich nicht. Von hier aus ähnelt das Gebilde einem weit entfernten Vogelschwarm.“

„Ein Schwarm? Wie groß ist er wohl?“

„Schwer zu sagen. Kommt darauf an, wie weit er von uns weg ist; das könnten so zehn Kilometer gewesen sein. So groß wie unser Luftschiff ist er bestimmt.“

Bei Grace war jetzt die Neugier deutlich zu spüren: „Wir müssen wissen, was das ist. Ob Wolke oder Schwarm, ich muss das merkwürdige Gebilde unbedingt untersuchen. Und zwar schon morgen. Wer weiß, wie oft dieses Phänomen noch auftauchen wird.“

„Wie willst du das machen? Ich glaube nicht, dass die ‚Venus One‘ ihre festgelegte Umlaufbahn verlassen kann, um sich der Wolke zu nähern.“

„Da hast du recht. Aber wir haben ja einen Motordrachen an Bord, mit dem die Solarzellen auf der Außenhülle des Zeppelins regelmäßig inspiziert werden.“

„Kannst du denn so ein Gerät fliegen?“

Grace schüttelte verständnislos den Kopf.

„Natürlich. Was denkst du denn?“

„Und wie oft bis du schon geflogen?“

„Bis jetzt noch nie. Aber schwieriger als eine Geländetour mit meiner Harley wird das ja wohl nicht sein.“

Mark musste schmunzeln. Ihm gefiel ihre forsche Art. Grace würde es sicherlich schaffen, vom Kommandanten der „Venus One“ die Erlaubnis für einen Routineflug zu bekommen. Allerdings sollte sie es besser für sich behalten, dass sie sich mehrere Kilometer vom Luftschiff entfernen wolle, riet ihr Mark: „Unser Kommandant ist sehr vorsichtig. Sage ihm nur, du brauchst Proben von der Atmosphäre außerhalb des Zeppelins.“

Die Sonne stand schon tief über dem Horizont, als Chen und der Gerätewart den noch zusammengeklappten Motordrachen auf die Außenplattform schoben. Die Reling hatten sie bereits entfernt. Die beiden entfalteten das dreieckförmige Segel, und Grace legte sich die Gurte an. Den Helm mit der integrierten Atemmaske hatte sie sich bereits aufgesetzt. Chen, der einen Pilotenschein besaß, erklärte ihr die paar Handgriffe, die zum Fliegen und Steuern reichten:

„Starte den Motor und laufe los, sobald der Propeller sich hinter dir dreht. Sobald du in der Luft bist, lasse dich in den Sitz fallen Vielleicht geht es zuerst es ein paar Meter abwärts, doch dann gewinnst du wieder an Höhe. Na, du kennst das ja vom Gleitschirmfliegen."

Grace hatte ihm vorgemacht, sie hätte darin Erfahrung.

„Und wo sind Rückwärtsgang und Bremse?"

Chen schaute sie irritiert an.

„Das war ein Scherz, Chen. Sei unbesorgt, ich schaffe das schon." So selbstbewusst wie sonst sah sie allerdings nicht mehr aus.

„Wo ist denn der Fallschirm, Mark? Falls das Baby mich im Stich lässt, möchte ich es genießen, langsam hinunter in die Hölle zu schweben."

Mark quälte sich ein Lächeln ab.

„Grace, konzentriere dich", ermahnte er sie „Sei vorsichtig."

Ein paar Sekunden später hatte Grace mit dem Motordrachen den Zeppelin hinter sich gelassen und die Richtung eingeschlagen, in der sie das merkwürdige

Gebilde vermutete. Als sie hundert Meter entfernt war, sah Mark am Horizont den grünen Klecks, der ihr Ziel war. Grace war auf dem richtigen Kurs – aber das änderte nichts an seiner Besorgnis. Bis zum Eintritt des Zeppelins in die Nachtzone blieb Grace nur eine Stunde Zeit.

„Ich habe ein ungutes Gefühl. Chen. Wir hätten sie zurückhalten sollen." Chen nickte:

„Sicher, aber ich glaube nicht, dass sie auf uns gehört hätte. Grace kann ziemlich stur sein."

Der Motordrachen schaffte normalerweise bis zu achtzig Kilometer pro Stunde. Bei einer Entfernung von zehn bis zwanzig Kilometern bis zur Wolke hätte Grace für den Hin- und Rückflug genug Zeit – wenn alles gut ginge. Für die Untersuchungen hatte sie ein paar Messinstrumente dabei und eine Art Staubsauger für die Entnahme von Gasproben.

Mark beobachtete sorgenvoll den Himmel. In fünfzig Kilometern Höhe waren Wolken sehr selten, doch jetzt begannen immer mehr Schleierwolken aufzuziehen. Grace flog auf Sicht. Sollten ihr beim Rückflug Wolken oder Nebel den Blick auf die „Venus One" versperren, hätte sie ein ernstes Problem …

Der Motordrachen war jetzt nur noch durch das Fernglas zu erkennen. Dann verschwand er in der grünen Wolke. Erst nach einer halben Stunde tauchte er wieder auf. Mark war erleichtert, aber die Sorge um Grace ließ ihn nicht los.

„Komm zurück, Grace! Die Zeit wird knapp", flüsterte Mark zu sich selbst. Doch Chen hatte ihn gehört.

„Was hat sie nur solange dort gemacht? Die Entnahme der Probe sollte nur ein paar Minuten dauern."

Beide starrten angestrengt durch ihre Ferngläser. Der Motordrachen wurde größer, war aber noch mindestens zehn Kilometer entfernt. Dann verdeckten ihn die Schleierwolken. Er war wie hinter einer dichten Nebelwand verborgen.

Ebenso wie Grace hatte Mark einen Helm mit einer Freisprechanlage. Bald müsste sie in seiner Reichweite sein. Er begann, sie unablässig zu rufen:

„Grace, bitte melde dich. Grace, bitte melde dich. Grace …"

Erst hörte er nur ein Knistern und Rauschen, doch dann war sie auf Empfang.

„Mark? Gott sei Dank, ich kann dich hören. Ich habe den Sichtkontakt zur ‚Venus One' verloren. Ich weiß nicht, ob ich noch auf dem richtigen Kurs bin."

„Bleib ganz ruhig, Grace. Ich werde jetzt weitersprechen. Solange du mich deutlich hörst, ist alles in Ordnung. Wird der Empfang schlechter, musst du deinen Kurs korrigieren, bis du mich wieder klar verstehen kannst. Du wirst dann genau auf uns zusteuern."

„Na hoffentlich geht dir der Gesprächsstoff nicht aus, Mark."

„Keine Sorge. Mir wird schon etwas einfallen."

Mark war froh, dass die Stimme von Grace ruhig klang. Er begann, ihr Astronautenwitze zu erzählen:

„Ein russischer Kosmonaut und ein amerikanischer Astronaut sitzen an der Bar und trinken Bier. Der russische Kosmonaut sagt: ‚Wir Russen sind die Besten, denn wir waren die Ersten im Weltall!' Der amerikanische Astronaut …" Er kam nicht weiter, Grace unterbrach ihn abrupt:

„Ich kann euch jetzt sehen", rief sie. „Erzähl mir später die Pointe."

Aus dem Nebel war der Motordrachen aufgetaucht und landete schlingernd auf der Plattform. Die drei umarmten sich erleichtert und betraten nacheinander die Luftschleuse. Der hinzugeeilte Gerätewart kümmerte sich um den Motordrachen.

Im Vorraum sanken sie erschöpft zu Boden. Grace fand als erste ihre Sprache wieder:

„Das war knapp, Jungs. Ich gehe kurz ins Labor, und dann treffen wir uns im Kasino."

Im Kasino erwartete die drei eine Überraschung, allerdings eine unangenehme. Kommandant Blake war der gefährliche Ausflug nicht verborgen geblieben. Er erteilte Grace eine offizielle Verwarnung:

„Niemals hätte ich Ihnen diese leichtsinnige Extratour genehmigt. Sie haben durch Ihr unverantwortliches Verhalten die gesamte Expedition gefährdet. Ich erwarte morgen Ihren schriftlichen Bericht und werde dann über weitere Schritte entscheiden."

Der Kommandant salutierte und verließ den Raum.

„Na ja. Er wird mich wohl kaum auf der Venus aussetzen können", sagte Grace kleinlaut. Dass sie falsch gehandelt hatte, war ihr inzwischen klar geworden. Sie hoffte, dass wenigstens die Ergebnisse der Laboruntersuchung den Ausflug rechtfertigen würden.

„Erzähle uns endlich, was du herausgefunden hast, Grace“, drängelte Chen. „Warum hast du dich in der Wolke solange aufgehalten?“

„Ich kann es euch nicht sagen.“

„Warum nicht?“, fragte Mark.

„Weil ihr mich für verrückt erklären würdet.“

„Nein, du kannst uns vertrauen. Erzähle schon“, forderte Mark sie auf.

„Also gut.“ Grace atmete noch einmal tief durch und begann mit ihrem Bericht.

„Als ich die grüne Wolke erreicht hatte, spürte ich einen starken Sog. Wie von einem Magneten angezogen steuerte der Motordrachen eine Stelle an, von der aus ich unseren Zeppelin nicht mehr sehen konnte.“

„Das war, als du aus unserem Blickfeld für mehr als eine halbe Stunde verschwunden warst“, sagte Chen. „Was war da los?“

Grace machte eine Pause, bevor sie weitersprach.

„Ich glaubte, meinen Augen nicht zu trauen. Hinter der grünen Wolke schwebte reglos ein –“

„Was? Rede schon“, riefen Mark und Chen.

„– ein Raumschiff, das nur aus einer fernen Galaxis stammen konnte. Ein Ufo, groß wie ein Baseballstadion.“

Mark und Chen starrten sie mit offenem Mund an, bis sie merkten, dass Grace sie auf den Arm genommen hatte. Erst versuchte sie noch, ernst zu bleiben, dann aber prustete sie los. Sie lachte so heftig, dass Mark und Chen gar nicht anders konnten, als in ihr Lachen einzustimmen. Sie lachten so, dass ihnen die Tränen kamen.

Das Lachen tat ihnen gut. Es half ihnen, den Stress der letzten Stunden abzubauen.

„Im Ernst, Grace. Was hat es mit der grünen Wolke auf sich?, fragte Chen, als sie sich beruhigt hatten.

„Das kann ich noch nicht sagen. Die Temperatur war etwas geringer als in der Umgebung, und aus der Nähe war die Wolke nicht mehr moosgrün, sondern eher hellgrün, fast transparent. Die Luftprobe zu entnehmen war nicht ganz einfach und hat länger gedauert als gedacht. Ich musste die Wolke dazu mehrmals durchfliegen."

„Was meinst du, wann rechnest du damit, mit den Laboranalysen fertig zu sein?", wollte Mark wissen.

„Das wird sicher nicht lange dauern. Ich bin sehr gespannt, was dabei herauskommen wird."

II

Grace brauchte für die Laboranalysen mehr Zeit als gedacht. Die ersten Untersuchungsergebnisse waren ernüchternd:

Die Probe schien lediglich aus einem Schwarm Kohlendioxyd-Schwefelsäure-Molekülen zu bestehen. Dass der Schwarm sich in der Atmosphäre nicht verflüchtigt hatte, lag an einem Gas, das die Moleküle zusammenhielt. Es musste ein sehr seltenes Gas sein, denn Grace konnte es zunächst nicht bestimmen. Doch schließlich fand sie heraus, dass es sich um Phosphan handelte. Nie hätte sie erwartet, dass dieses Gas in der Venusatmosphäre vorkommen könnte.

Phosphan kann aus geochemischen, also anorganischen Quellen stammen. Aber es gab auf der Venus keinen plausiblen Reaktionsmechanismus, um Phosphan dauerhaft zu bilden. Also kamen nur biologische Quellen wie Mikroben oder Bakterien in Frage. Das würde auch das grüne Leuchten der Wolke erklären:

Auf der Erde entsteht Phosphan durch Fäulnis- und Gärungsprozesse und leuchtet dabei grün. Grace musste an alte Gruselgeschichten über grüne Irrlichter auf Friedhöfen denken. Die Menschen waren damals davon überzeugt gewesen, dass es sich um herumwandernde Seelen Verstorbener handelte.

Grace spürte ein Kribbeln im Bauch. Sollte sie ein Zeichen für Leben auf der Venus entdeckt haben?

Es gelang ihr, Schwebeteilchen in den Gasproben zu mikroskopieren und in den Aerosolen die Quellen für das Phosphan zu identifizieren: Es waren säurefeste, robuste Mikroorganismen, die sich von Schwefelsäure und CO_2 ernährten und unter dem Einfluss von Sonnenlicht Sauerstoff freisetzten. Durch das Mikroskop beobachtete sie, wie sich die Mikroorganismen bewegten und sich durch Zellteilung vermehrten.

Wonach auf dem Mars seit fünfzig Jahren vergeblich gesucht worden war, hatte Grace in der Venusatmosphäre gefunden: außerirdisches Leben!

Grace musste sich setzen und tief durchatmen.

Erst das Klopfen an der Tür zum Labor brachte sie in die Wirklichkeit zurück. Es war Mark. Bevor er etwas sagen konnte, wollte sie mit ihrer Entdeckung herausplatzen:

„Mark, ich habe etwas wirklich Erstaunliches herausgefunden. In der Wolke…“

Mark unterbrach sie ungeduldig. Er klang aufgeregt:

„Später, Grace. Komm bitte mit ins Gewächshaus. Es gibt Probleme.“

Grace merkte, dass es ihm ernst war und folgte ihm in den Raum mit den Biokulturen.

Mit einem Blick erfasste Grace, was Mark beunruhigte. Fast alles, was in den Etagen-Hochbeeten wachsen und gedeihen sollte, sah erbärmlich aus. Bohnen, Salate, Gemüse, Zitrusfrüchte, Algen, Sprossen – verkümmert oder vertrocknet.

„Hast du alles kontrolliert, Mark? UV-Besonnung, Luft und Luftzirkulation, Nährlösung?“

„Natürlich. Ich habe nichts finden können.“

„Weiß Kommandant Blake schon Bescheid?“

„Nein. Ich brauche wenigstens Vermutungen über die Ursachen, bevor ich ihn informiere.“

„Wie lange werden die Vorräte in der Tiefkühlkammer reichen?“

„Maximal zwei Wochen. Danach müssten wir uns ausschließlich von Nahrungsmittelkonzentraten ernähren.

Die Besatzung der „Venus One“ würde überleben können, nicht aber das Havoc-Projekt. Die Vision von einer Siedlung in der Venusatmosphäre müsste begraben werden. Venus Cloud City bliebe ein Traum.

„Okay Mark, ich beende meine Untersuchungen im Labor, und dann helfe ich dir. Wir werden das schaffen.“

„Danke, Grace. Ich werde jetzt alles noch einmal genau durchgehen."

Mark und Grace machten sich wieder an die Arbeit. Grace fand heraus, dass es sich bei den Mikroorganismen um eine Bakterienart handelte, die in ähnlicher Form auf der Erde in der Agrarwirtschaft zur Verbesserung der Bodenqualität eingesetzt wird. Die von ihr entdeckten „Venusbakterien" erwiesen sich aber als sehr viel leistungs- und anpassungsfähiger. Sie vermehrten sich rasant, waren extrem hungrig nach CO_2 und förderten das Wachstum organischer Stoffe.

Wir könnten doch mit ihrer Hilfe die Sanierung der Beete im Gewächshaus versuchen, sagte sich Grace und eilte zu Mark. Sie traf ihn zusammen mit Chen auf dem Gang; sie waren ihr bereits entgegengekommen.

„Grace, es ist unfassbar", rief Mark. „Es war Sabotage!"

„Was? Das ist unmöglich!"

Chen war ebenso aufgeregt wie Mark. Er hatte Mark bei der Suche nach der Schadensursache geholfen.

„Jemand hat die elektronische Schaltung so manipuliert, dass die Luftfilter über den Biokulturen sich nachts abschalten. Das hat die Pflanzen umgebracht", erklärte ihr Chen.

„Wer sollte so etwas Irrsinniges getan haben? Und warum?"

Beide zuckten nur mit den Schultern.

„Wir wissen es nicht."

„Werden die Pflanzen sich wieder erholen?", fragte Grace.

„Ich glaube, dazu ist es bereits zu spät. Ich werde jetzt den Kommandanten informieren", sagte Mark.

„Warte einen Moment, Mark. Vielleicht gibt es noch eine Lösung."

Grace berichtete ihnen von ihrer Entdeckung.

Sie konnten kaum fassen, was sie hörten. Für einen Moment vergaß Mark das Sterben der Pflanzen.

„Das ist sensationell, Grace. Das ist der Beweis, auf den die Menschen seit Generationen gewartet haben. Wenn sogar der Höllenplanet Venus Leben hervorgebracht hat, dann gibt es überall im Universum Leben. Wir sind nicht allein."

„Na ja, unsere Geschwister von der Venus sind allerdings nur mikroskopisch kleine Lebewesen. Klavier spielen oder Gedichte aufsagen können die leider nicht, oder?"

„Stimmt, Grace. Aber vielleicht in einer Milliarde Jahren. Bakterien waren die ersten Lebewesen, die auf der Erde die Evolution in Gang gesetzt haben. Und sie werden die letzten sein, bevor die Erde von der Sonne verschluckt wird. Bakterien haben immer eine Nische zum Überleben gefunden."

Grace brachte das Gespräch wieder auf das aktuelle Problem:

„Ich frage mich, wie unsere Pflanzen auf eine Impfung mit den Venusbakterien reagieren würden. Meinst du, wir könnten einen Versuch wagen?"

„Warum nicht? Schlimmer kann es ja nicht werden", antwortete Mark?

Chen schien anderer Meinung zu sein:

„Vielleicht doch, Mark. Hast du in deiner Jugend nicht den Film ‚Red Planet‘ gesehen? Der muss so um 2000 herausgekommen sein.“

„Kenne ich nicht. Worum ging's denn da?“

„Die Menschen versuchen, den Mars zu besiedeln und setzen auf der Oberfläche Algen aus, die sich prächtig vermehren und wie erwartet Sauerstoff produzieren. Aber dann passiert etwas, was die Algen zu kleinen Monstern mutieren lässt. Vielleicht waren Sonneneruptionen oder Bakterien aus den Tiefen des Alls daran schuld. Ich weiß es nicht mehr genau. Die Kolonisten werden jedenfalls samt Schutzanzug aufgefressen.“

„Das klingt ja nicht sehr ermutigend“, sagte Mark. Er wusste natürlich, dass das ein Hollywoodmärchen war, tat aber so, als sei er sichtlich beeindruckt.

„Jungs, jetzt ist keine Zeit für Horrorgeschichten“, ermahnte Grace die beiden. „Versuchen wir, die Pflanzen zu retten. Ich werde ihnen einen Bakteriencocktail verpassen.“

Am nächsten Morgen trauten Grace, Mark und Chen kaum ihren Augen: Die Bakterien erwiesen sich als wahre Wachstumsbeschleuniger: Die Pflanzen hatten sich deutlich erholt. Die Messungen ergaben, dass sie mehr Sauerstoff produzierten und mehr Kohlenstoff speicherten als zuvor.

„Das dürfte Kommandant Blake erfreuen. Und dass wir Leben auf der Venus entdeckt haben, noch mehr“, meinte Grace. „Wollen wir ihm die gute Nachricht überbringen?“

„Warten wir damit lieber noch, bis wir sicher sein können, dass die Pflanzen dauerhaft gerettet sind", warnte Mark. „Aber ich werde jetzt den Kommandanten darüber informieren, dass sich jemand im Gewächshaus an der elektronischen Steuerung der Luftfilter zu schaffen gemacht hat."

Der Kommandant wollte Mark nicht glauben:

„Ein Sabotageakt? Das ist unmöglich. Für alle auf dem Schiff lege ich meine Hand ins Feuer. Jeder ist auf Herz und Nieren überprüft worden. Ich bin sicher, Sie irren sich."

Mark ließ nicht locker, aber Kommandant Blake blieb bei seiner Meinung: Ohne Beweise werde er eine Untersuchung nicht einleiten, und er wisse auch nicht, wer ein Interesse am Scheitern des Havoc-Projekts haben könnte. Das wusste Mark allerdings auch nicht. Und beweisen konnte er die Sabotage nicht. Der Schaden war ja von ihm längst behoben worden.

Grace und Chen erwarteten Mark im Kasino.

„Und, was hat Blake gesagt?", fragte Grace.

„Er glaubt mir nicht. Wahrscheinlich denkt er, dass ich ihn nach seiner Rüge für unseren illegalen Ausflug durch Übereifer beindrucken will. Das gleiche würde er sicher auch von dir denken, Grace, wenn du ihn mit deiner Entdeckung überraschst. Sein Vertrauen in uns müssen wir uns wohl erst wieder verdienen. Ich denke, es ist besser, erst herauszufinden, wer an Bord der Venus One der Saboteur ist."

Die drei blickten sich ratlos an.

„Sherlock Holmes hat gesagt, dass ein Detektiv als erstes herausfinden muss, wer ein Tatmotiv haben könnte", sagte Chen. „Wem könnte am Scheitern der Venusmission gelegen sein?"

„Nur einem Verrückten", sagte Grace. „Aber dass sich ein Geistesgestörter an Bord befindet, ist ausgeschlossen. Das Psychologenteam der Havoc hätte das mit Sicherheit verhindert."

„Dann bleibt nur eine Erklärung", unterbrach Chen das Schweigen.

„Und welche?", fragte Mark.

„Du musst dich geirrt haben. Es war keine Sabotage, sondern technisches Versagen."

Mark reagierte empört:

„Aber du hast doch selbst gesehen, dass die Schaltdrähte vertauscht waren. Wenn das von Anfang an der Fall gewesen wäre, hätten die Pflanzen keine Woche überlebt."

„Ich weiß, Mark. Aber vielleicht gibt es auch dafür eine Erklärung. Fakt ist, dass niemand von der Besatzung als Täter in Frage kommt. Ohne Motiv keine Tat, und ohne Tat kein Täter.

„Stammt das auch von deinem Sherlock Holmes?" fragte Mark.

„Nein, das ist von mir. Klingt doch logisch, oder?"

Auch Grace schien von der Sabotagetheorie nicht mehr ganz überzeugt zu sein. Mark merkte, wie er unsicher wurde. Vielleicht hat Chen recht, dachte er. Die Suche nach einem Phantom würde nur Zeit kosten und nichts bringen.

„Gut. Lassen wir das. Im Labor und im Gewächshaus wartet genug Arbeit auf Grace und mich."

III

Ein paar Tage später versammelte sich die Besatzung der „Venus One" im Kasino. Kommandant Blake wollte eine wichtige Botschaft an die Crew richten. Die Vierertische waren zu einer Tafel zusammengestellt, an der die gesamte Mannschaft Platz fand. Alle trugen ihren blauen Overall mit dem goldenen Venus-One-Emblem. Mark saß am hinteren Ende und betrachtete unauffällig ihre Gesichter. Er kannte seine Kollegen und Kolleginnen gut. Nein, dachte er, der Kommandant hat recht und Chen auch; keinem war ein Sabotageakt zuzutrauen.

Nach ein paar freundlichen Sätzen zur Begrüßung kam der Kommandant zur Sache:

„Ladies and Gentleman, die Nasa hat beschlossen, ein zweites, noch größeres, Luftschiff auf die Umlaufbahn um die Venus zu schicken. In etwa hundert Tagen wird von der Erde ein Raumschiff mit dem Zeppelin ‚Venus Two' an Bord starten. Weitere Flüge sind geplant, so dass im Laufe der nächsten zwölf Monate Venus Cloud City entstehen kann. Fünf Zeppeline mit zweihundert Menschen werden dann die Venus umkreisen. Und das wird erst der Anfang sein. Sauerstoff und Wasser werden wie schon jetzt aus der Atmosphäre gewonnen, die Sonne kann unbegrenzt Energie liefern und Gewächshäuser und Bioplantagen für Nahrung sorgen. Venus Cloud City wird das Überleben der Menschheit sichern, wenn eine kosmische Katastrophe oder der Klimawandel die Erde unbewohnbar machen sollte." Blake schwieg für einen Moment. „Oder wenn wir die Erde durch einen globalen Atomkrieg verseuchen", fügte er leise hinzu.

Dass die Venus von der Nasa in den Rang einer potenziellen Ersatzerde erhoben wurde, war überraschend und für alle höchst erfreulich. Diese Bedeutung hatte bisher allein Mars-City, die Siedlung auf dem roten Planeten mit zurzeit etwa hundertfünfzig Kolonisten. Bis Ende des Jahrhunderts sollten es über tausend sein.

„Stehen wir damit in Konkurrenz zu Mars-City?", fragte einer aus der Runde.

„Das kann man so sagen", antwortete Kommandant Blake. „Die Kolonisierung des Mars wird vielleicht weitergehen, aber ohne die Unterstützung der Nasa. Inwieweit das Konsortium privater Konzerne das Marsprojekt fortsetzen wird, ist noch unklar."

Ungläubiges Gemurmel erfüllte den Raum.

„Bitte, meine Damen und Herren. Lassen Sie mich es erklären. Von den Dakota-Indianern kennen wir die Spruchweisheit ‚Wenn du merkst, dass du ein totes Pferd reitest, steig ab!'. Genau an diesem Punkt befindet sich nach Ansicht der Nasa Mars-City. Nach neunzig Jahren der Mars-Erforschung war es an der Zeit, ein Fazit zu ziehen. Und das fällt leider negativ aus: Der Mars ist ein toter, trockener Planet. Seine geringe Schwerkraft, die giftigen Böden, die Sandstürme, die den Planeten manchmal monatelang verdunkeln, der niedrige

Luftdruck und die hohe Strahlenbelastung erlauben es Menschen, sich nur sehr begrenzte Zeit dort aufzuhalten. Die Vision, aus dem Mars durch Terraforming eine zweite Erde zu machen, ist nach Ansicht der Nasa ein unerfüllbarer Traum, an den sie auch selbst zu lange geglaubt hat." Kommandant Blake blickte in die Runde. „Auch ich habe mit dieser Entscheidung der Nasa nicht gerechnet. Aber ich meine, sie ist richtig."

„Kann mit Venus Cloud City eines Tages dasselbe passieren? Aus und vorbei, nur weil Politik und Wissenschaft neue Prioritäten setzen?" Die Frage kam von Chen.

„Nein. Dazu ist unsere Arbeit zu erfolgreich. Venus Cloud City wird wachsen und könnte sogar schon jetzt unabhängig von der Erde existieren. Gibt es noch weitere Fragen?"

„Ich habe gehört, dass in der Atmosphäre Mikroben gefunden worden sind. Stimmt das?"

Kommandant Blake war über die Frage sichtlich verärgert. Er hätte die Entdeckung von Grace gern noch unter Verschluss gehalten, bis ihm genaue Analyseergebnisse vorlägen. Aber dass auf der „Venus One" Neuigkeiten leicht durchsickern, sei wohl nicht zu vermeiden, beruhigte er sich. Er redete nicht um den heißen Brei herum:

„Es sieht ganz danach aus. Die Bakterienproben müssen aber noch daraufhin untersucht werden, ob sie wirklich von der Atmosphäre stammen oder von der Erde eingeschleppt worden sind. Sie sehen, meine Damen und Herren, es gibt noch eine Menge zu tun.

Anders als beim Mars stehen wir noch ganz am Anfang der wissenschaftlichen Erforschung der Venus."

Kommandant Blake bedankte sich bei allen für ihr großes Engagement und beendete die Versammlung.

Mark setzte sich zu Chen und Grace. Chens Gesicht nahm einen düsteren Ausdruck an. „Damit ist der jahrhundertealte Traum der Menschheit von der Besiedlung des Mars gestorben. Was für ein trauriger Tag."

„Ja, sicher. Aber die Venus ist kein schlechter Ersatz. Wir können dankbar sein, dass wir beim Aufbau von Venus Cloud City mithelfen dürfen", sagte Grace.

Mark stimmte ihr zu: „Wir sind bei einem der größten Abenteuer der Geschichte dabei, vergleichbar nur mit der Mondlandung oder der Entdeckung Amerikas durch Kolumbus. Das ist doch wunderbar."

„Ihr habt ja recht. Und vielleicht gibt es für den Mars irgendwann eine neue Chance", sagte Chen und stand auf. Grace und Mark blieben noch sitzen.

Die Art, wie Mark sie anblickte, verwirrte Grace. Zwischen ihnen war seit dem Ausflug zur grünen Wolke etwas anders geworden: Sie spürte, dass sie für Mark nicht mehr nur Freundin und Kollegin, sondern mehr war. Ob er wüsste, dass sie ähnlich empfand, fragte sie sich. Mark hatte ihr von Anfang an gefallen. Seine besonnene Art, sein leiser Humor seine braunen Augen – es gab so vieles, was Grace anzog. Aber es darf nicht sein, dachte sie. Liebesbeziehungen an Bord der „Venus One" waren ein absolutes Tabu. Bei Verstößen drohte der Rückflug zur Erde.

Mark sah sich vorsichtig um. Sie waren nicht allein.

„Grace, du solltest wissen, dass ich …"

Grace verschloss seinen Mund mit ihrem Finger. „Ich weiß doch, was du mir sagen willst, Mark. Ich möchte dir dasselbe sagen."

Mark legte seine Hand auf ihren Unterarm.

„Es ist schon komisch, dass wir 50 Millionen Kilometer fahren mussten, um uns zu begegnen", sagte er. „Und wie soll es jetzt mit uns weitergehen?", fragte er dann.

Grace lächelte übermütig. „Na wie wohl? Wie dürfen uns nur nicht erwischen lassen. Mark und Grace, das erste Liebespaar der Venus. Klingt das nicht toll? Wie ein Theaterstück von diesem Shakespeare."

„Du meinst Romeo und Julia. Weißt du auch, wie die Geschichte ausgegangen ist, Grace?"

„Ich nehme an glücklich. Wie unsere."

Mark schwieg. Gut, dass Grace nicht das tragische Ende der Geschichte kennt, dachte er.

IV

Das Obst und Gemüse in den Beeten entwickelte sich dank der Venusbakterien prächtig. Der Ernteertrag war viermal so hoch wie vorher. Selbst die Orangenbäume trugen erstmals Früchte. Grace sprach aus, woran auch Mark schon gedacht hatte:

„Auf der Erde könnte mit Hilfe der Venusbakterien aus erodierten Böden fruchtbares Ackerland gemacht werden, und abgeholzte Wälder ließen sich schnell wieder aufforsten. Das CO_2 in der Atmosphäre würde sinken, der Sauerstoffgehalt steigen. Verlangsamt sich der Klimawandel, ließe sich mit der gewonnenen Zeit vielleicht das Schlimmste verhindern."

„Allein dafür hätte sich das Havoc-Projekt gelohnt, Grace. Endgültig werden wir das erst wissen, wenn die Bakterienkulturen auf der Erde untersucht worden sind."

Eine Woche später bekam der Optimismus von Mark und Grace einen heftigen Dämpfer:

Als Grace am Morgen ihr Labor betreten hatte, sah sie sofort, dass etwas nicht stimmte. Ihre handschriftlichen Notizen lagen nicht mehr wie üblich am Computer. Sie suchte in allen Ecken und Winkeln, doch ihre Protokolle blieben verschwunden. Noch wollte sie nicht glauben, dass der Saboteur wieder zugeschlagen haben könnte. Erst als sie feststelle, dass auch die Datei mit den Ergebnissen ihrer Untersuchungen vom Computer gelöscht war, bestand für sie kein Zweifel mehr daran. Der Saboteur war kein Phantom; er hatte seinen Plan, das Havoc-Projekt scheitern zu lassen, nicht aufgegeben!

Grace bekam plötzlich weiche Knie. Mein Gott, dachte sie, hoffentlich sind die Bakterienkulturen intakt geblieben! Sie lief zur Vitrine mit den Proben und nahm die gläsernen Schalen hinaus. Ihre Befürchtung bestätigte sich: In den Schalen schwamm eine dunkle trübe Brühe. Der Saboteur hatte ganze Arbeit geleistet; die Bakterienproben waren zu nichts mehr zu gebrauchen.

Grace funkte sofort Mark an. Sie erreichte ihn im Gewächshaus.

„Mark, jemand hat heute Nacht die Proben verseucht. Es ist entsetzlich. Die Mikroorganismen sind biologisch tot.“

Mark antwortete nicht. Grace hörte nur seinen Atem.

„Mark, hast du mich verstanden?“

„Ja, entschuldige. Ich musste mich erst einmal setzen. Hier sieht es auch schlimm aus.“

„Was ist passiert?“ „Komm bitte her. Ich kann es immer noch nicht glauben.“

Mark kam ihr auf dem Gang entgegen. Sein Gesicht war kalkweiß.

Im Gewächshaus ging er mit ihr durch die langen Regalreihen mit dem auf vier Etagen angebauten Obst und Gemüse. Der Anblick war schockierend. Fast alle Pflanzen sahen krank aus, einige waren bereits verdorrt. Und diesmal standen keine Venusbakterien mehr zur Verfügung, um die Katastrophe abzuwenden.

„Die Nährlösungen sind kontaminiert. Weiß der Teufel, welches Gift der Saboteur verwendet hat. Literweise Maschinenöl, Rostreiniger, Spiritus? Keine Ahnung. Vielleicht eine Mixtur aus allem möglichen Zeug.“ Mark klang resigniert. „Jedenfalls ist sein Plan aufgegangen. Ein zweites Mal werden die Pflanzen einen Anschlag nicht überleben.“

Er sah Grace lange an.

„Wir müssen zu Blake gehen und ihm melden, was passiert ist, Grace.“

Grace atmete langsam tief ein und aus, bis sie wieder klar denken konnte.

„Nein, Mark. Wenn wir das tun, ist es aus mit dem Havoc-Projekt. Die Nasa würde die Venusmission stoppen. Die Gefahr, dass es zu einer Katastrophe kommt, wäre zu groß."

„Was schlägst du vor?"

„Wir müssen schnell herausfinden, wer der Saboteur ist. Erst dann gehen wir zu Blake und lassen den Kerl in Haft nehmen. Danach werde ich eine zweite Probe aus der grünen Wolke besorgen, und du kannst damit die Pflanzen retten. Blake wird mir mit Sicherheit den Trip genehmigen."

Mark schien noch nicht ganz überzeugt zu sein.

„Grace, ich weiß nicht, ob die Pflanzen so lange durchhalten werden."

„Was meinst du, wieviel Zeit bleibt uns?"

„Höchstens zwei Tage."

„Okay. Morgen fliege ich zur grünen Wolke. Und bis dahin werde ich den Saboteur entlarvt haben."

Mark blickte sie ungläubig an.

„Und wie willst du das machen?"

„Ich habe ihm eine Falle gestellt."

„Was? Warum hast du mir nichts davon gesagt?

„Tut mir leid, Mark. Aber du gehörst genauso zum Kreis der Verdächtigen wie jeder an Bord."

Mark riss entrüstet die Augen auf.

„Ich dachte, du magst mich. Hast du kein Vertrauen zu mir?"

„Krieg dich wieder ein, Mark. Natürlich mag ich dich. Lass es mich erklären: Ich hielt es nicht für ausgeschlossen, dass doch ein Saboteur an Bord sein könnte.

Du hast aber nicht mehr daran geglaubt. Warum sollte ich dich beunruhigen."

So ganz überzeugend fand Mark die Begründung nicht. Er war enttäuscht, doch er wusste, dass Grace recht hatte. Natürlich kam auch er als Täter in Frage.

„Wie sieht denn deine Falle aus? Oder kannst du mir das nicht verraten." Mark hatte sich wieder etwas beruhigt.

„Doch, das kann ich. Da der Saboteur sich an den Proben zu schaffen gemacht hat, müssen seine Fingerabdrücke auf den Chromgriffen der Vitrine mit den Bakterienkulturen sein. Ich habe die Griffe jeden Abend sorgfältig gereinigt."

„Und du glaubst, jetzt Fingerabdrücke zu finden?"

„Ja. Ich habe alles vorbereitet. Ich werde Grafitpulver benutzen, um die Abdrücke sichtbar zu machen, und sie mit einem durchsichtigen Klebestreifen aufnehmen."

Eine halbe Stunde später zeigte Grace ihm den Klebestreifen. Auf der Rückseite klebte weißes Papier. Mehrere Fingerabdrücke waren deutlich zu erkennen.

„Der Täter oder die Täterin muss sich letzte Nacht ins Labor und ins Gewächshaus geschlichen haben", erklärte Grace. „Verschlossene Türen gibt es ja auf der ‚Venus One' nicht. Ich nehme an, das wird sich jetzt ändern."

„Und nun gehst du damit zu Kommandant Blake?"

„Ja. Ich hoffe, dass die Fingerabdrücke aller Crewmitglieder im Computer gespeichert sind. Dann werden wir wissen, wem wir den Anschlag zu verdanken haben."

„Tja, den Saboteur kennen wir dann. Das Motiv für die Tat aber nicht, Grace."

„Noch nicht", korrigierte sie ihn.

Mark sah sie fragend an:

„Und was wäre, wenn die Fingerabdrücke von mir stammen würden?"

Grace lächelte.

„Dann würde ich dich über Bord werfen lassen. Aber keine Angst, das habe ich bereits überprüft, Mark. Du bist nicht der Täter."

Grace ging auf ihn zu und küsste ihn.

„Es wäre jammerschade um dich. Ich würde dich vermissen, mein lieber Romeo."

Kommandant Blake hielt in seiner Hand den Papierausdruck einer Personalakte.

„Es gibt keinen Zweifel, Grace. Die Fingerabdrücke sind absolut identisch. Wir kennen den Täter."

„Sagen Sie schon, wer es ist, Commander." Grace war nervös.

„Es ist einer unserer Bordmechaniker, Chen Li. Ich lasse bereits nach ihm suchen."

Grace war fassungslos.

„Chen? Das ist unmöglich. Er ist doch ein Freund von Mark und mir. Warum hätte er das tun sollen?"

„Ich konnte mir das auch nicht erklären. Dann habe ich seine Personalakte gelesen."

„Und?", fragte Grace ungeduldig.

„Die Akte enthält auch die Protokolle der Bewerbungsgespräche, die die Auswahlkommission mit ihm geführt hat. Wissen Sie, was letztlich den Ausschlag gegeben hat, sich für ihn zu entscheiden?"

„Nein. Seine vielseitige technische Begabung?"

„Die auch. Aber es war hauptsächlich sein Ehrgeiz. Er brannte förmlich für die Raumfahrt."

„Aber warum hat er dann das Havoc-Projekt sabotiert? Das ergibt doch keinen Sinn."

„Ich glaube schon. Sein Enthusiasmus gilt anscheinend allein dem Mars. Nach seiner Dienstzeit auf der „Venus One" wollte er unbedingt dorthin. Aber Chen befürchtete, dass die Nasa aus der Marsmission angesichts der wachsenden Probleme aussteigen könnte und sich nur noch auf die Venus konzentrieren würde. Ihm war klar, dass ohne die Nasa die Kolonisierung des Mars aufgegeben werden müsste. Allein könnte das Marskonsortium die gewaltigen technischen und finanziellen Herausforderungen niemals bewältigen. Chens Traum, auf dem roten Planeten zu leben, wäre damit endgültig gescheitert. Das wollte er mit seinem Anschlag verhindern. Als ich vor einigen Tagen der Crew mitteilte, dass sich die Nasa tatsächlich aus der Marsmission verabschiedet hat, muss das für ihn ein Schock gewesen sein, der ihn nicht mehr klar denken ließ. Deshalb der zweite Sabotageakt."

„Ich verstehe aber immer noch nicht sein Motiv", warf Grace ein.

„Es gibt nur eine Erklärung. Er dachte wohl, bei einer Beendigung des Havoc-Projekts würde die Nasa es sich anders überlegen und bei der Marsmission weiter mitmachen."

„Wenn es darum geht, entweder die Venus oder den Mars zu besiedeln, dann hätte auch das private Marskonsortium ein Interesse daran, das Havoc-Projekt scheitern zu sehen. Könnte nicht das Konsortium hinter dem Anschlag stecken?“

Kommandant Blake schüttelte den Kopf.

„Möglich, aber unwahrscheinlich. Dazu war das Vorgehen von Chen zu dilettantisch. Es war die Verzweiflungstat eines vom Mars Besessenen.“

„Was werden Sie jetzt tun, Commander?“

„Ich werde ihn verhören und ihn einsperren. Wo, weiß ich noch nicht. Eine Arrestzelle auf einem Zeppelin konnte sich bis heute ja niemand vorstellen.“

Grace wollte die Kommandobrücke verlassen, doch Blake hielt sie zurück.

„Einen Moment noch, Grace. Sie haben gute Arbeit geleistet. Wir haben Ihnen viel zu verdanken. Wer weiß, was sonst noch alles passiert wäre.“

Aus dem Munde des sonst so wortkargen und nüchternen Kommandanten war das ein großes Lob – dem aber sofort eine Ermahnung folgte:

„Aber dennoch bitte ich Sie, in Zukunft auf gefährliche Alleingänge zu verzichten.“

Es war ihm aber anzumerken, dass er ihr ihre Disziplinlosigkeit verziehen hatte.

„Und noch etwas, Grace. Bitte entsorgen Sie die Bakterienkulturen. Geben Sie die Proben der Venus wieder zurück.“

Vor der Kommandobrücke wurde sie von Mark bereits erwartet.

„Mark, du glaubst es nicht. Der Saboteur ist Chen!"

Mark ballte seine Fäuste.

„Ich habe es geahnt, ich hatte ihm leichtsinnigerweise die Sache mit den Fingerabdrücken erzählt. Daraufhin stieß er einen Schrei aus und rannte davon. Der Kerl scheint völlig verrückt geworden zu sein."

„Ja, Blake lässt bereits nach ihm suchen."

„Es bleibt nur wenig Zeit, Grace. Ich muss ihn finden, bevor er die ‚Venus One' in Gefahr bringen kann. Und ich ahne, was er vorhat."

„Ich komme mit dir."

„Nein, Grace. Geh zurück zu Blake. Da bist du sicher. Wenn Chen dich sieht, würde er völlig durchdrehen."

Mark hatte keinen Zweifel, wo er Chen finden würde.

Der neuralgische Punkt der „Venus One" war die Luftschleuse zur Außenplattform. Gelänge es Chen, gleichzeitig Innen- und Außenschott zu öffnen, würde sich innerhalb von wenigen Augenblicken der Zeppelin mit tödlichem Gas füllen. Die Überlebenschancen wären für alle gleich Null. Und Chen wäre zuzutrauen, die „Venus One" mit sich in den Untergang zu reißen.

Eigentlich war es technisch unmöglich, die beiden Türen gleichzeitig zu öffnen. Doch Chen war ein genialer Mechatroniker. Er könnte das Unmögliche schaffen, war sich Mark sicher. Er rannte zur Schleuse und sah, dass das Innenschott geöffnet war. Im Schleusenraum hantierte Chen hektisch an den seitlichen Kästen mit den Relaisschaltungen. Mark spürte, wie Panik in ihm hochstieg. Er stürzte auf Chen zu und riss ihn von den

Kästen weg. Doch Chen gab nicht auf. Er versetzte Mark einen harten Faustschlag an die Schläfe, der ihn zu Boden gehen ließ. Chen stand direkt vor ihm und holte jetzt zu einem Fußtritt gegen seinen Kopf aus. Doch er zögerte kurz: „Sorry, Mark. Ist nicht persönlich gemeint." Das war Marks letzte Chance. Noch im Liegen umklammerte er Chens Standbein mit beiden Armen und brachte ihn mit dem Druck seiner Schulter zu Fall. Einen Moment später konnten herbeigeeilte Männer Chen festhalten und ihn wegführen. Inzwischen war auch Kommandant Blake eingetroffen. Er half Mark auf und klopfte ihm auf die Schulter:

„Danke, Mark. Gut gemacht." Das erste Mal sah Mark den Kommandanten lächeln.

Hinter Blake stand in einigem Abstand Grace. Die Angst um Mark stand ihr noch immer ins Gesicht geschrieben und wich nur langsam dem Gefühl großer Erleichterung. Sie wollte auf Mark zueilen, doch der war mit Blake bereits auf dem Weg zur Kommandobrücke.

Chen blickte Grace irre lächelnd an, als er an ihr vorbeigeführt wurde. Chen ist kein Krimineller, er ist geisteskrank, dachte sie und spürte fast so etwas wie Mitleid mit ihm.

Als Grace am nächsten Tag die Vitrine mit den Petrischalen öffnete, glaubte sie ihren Augen nicht zu trauen.

Die dunkle trübe Brühe mit den Bakterien hatte sich in eine milchige Flüssigkeit verwandelt. Ein Blick durch das Mikroskop bestätigte ihre Vermutung: Die Bakterien hatten den Anschlag überlebt! Sie vermehrten sich und hatten sich von den Giftstoffen ernährt. Die Pflanzen im Gewächshaus würden wieder wachsen und gedeihen! Was für eine Vitalität, dachte Grace. Etwas Vergleichbares kannte sie von der Erde nicht.

Auf der Erde würde man die Bakterienkulturen sorgfältig untersuchen. Sollten sich keine gefährlichen Nebenwirkungen zeigen, könnten sie die Lösung für die großen Umweltprobleme der Erde sein.

Grace fühlte Stolz und Befriedigung. Ihr Verdienst war es, eine ökologische Superwaffe für den Kampf gegen die drohende Umweltkatastrophe entdeckt zu haben! Wie Robert Koch oder Rudolph Virchow würde sie zu den großen Mikrobiologen gehören. Und sogar der Nobelpreis … hör auf zu träumen, Grace, sagte sie sich und brachte die Bakterienkulturen in die Kältekammer.

Zu genau wollte sie Blakes Anweisung, auf „gefährliche Alleingänge" zu verzichten, nicht nehmen. Sie schlich sich zu Marks Kabine und huschte, kaum hatte er die Tür geöffnet, hinein.

„Keine Angst, Mark, mich hat keiner gesehen. Ich habe gehört, du hast jetzt eine sturmfreie Bude."

Mark brachte keinen Ton heraus. Er war nur glücklich, sie in seine Arme nehmen zu können …

Im Mai 2052 brachte ein Raumschiff Grace zurück zur Erde. Mit an Bord befanden sich die Venusbakterien, mit denen so viele Hoffnungen verbunden waren. Ob sich die heruntergewirtschaftete Biosphäre mit ihrer Hilfe tatsächlich reparieren ließe, musste durch Untersuchungen und Tests noch herausgefunden werden.

Ein halbes Jahr später landete auch Mark auf dem Raumfahrthafen in Cape Canaveral. Nach der üblichen Quarantäne fuhr er sofort nach Kapstadt. Er konnte es kaum erwarten, Grace wiederzusehen.

Grace arbeitete an der University of Cape Town im Labor für Biochemie an der Erforschung der Stoffwechselprozesse von für die Landwirtschaft nützlichen Mikroben.

Grace hatte Mark vom Flughafen abgeholt und war mit ihm sofort zur Waterfront gefahren. Im „Harbour Inn“ mit Ausblick auf den Tafelberg stellte sie ihm die eine Frage, vor deren Antwort sie sich fürchtete. Sie wusste, von der Antwort würde ihr weiteres Leben abhängen. So oder so.

„Mark, ich soll ausprobieren, ob die Venusbakterien die Trockengebiete im Nordwesten Südafrikas fruchtbar machen könnten. Ich habe zugesagt. Kommst du mit?“

„Ja“, hatte Mark ohne zu zögern geantwortet. Einen Monat später waren sie verheiratet.

V

Namaqualand, Republik Südafrika, zwei Jahre später

„Das ist unglaublich, einfach wunderschön“, flüsterte Grace ehrfürchtig, als sie auf den farbigen, üppigen

Blütenteppich blickte, der sich bis zu den felsigen Hügeln am Rande des Hochlands erstreckte.

Das Gefühl des Staunens und der Ehrfurcht ergriff auch Mark. Die bunte Pracht war überwältigend.

Grace und Mark saßen auf der Veranda ihres Farmhauses, das seit einem Jahr ihr Zuhause war. Hier, nahe der Grenze zu Namibia, bewirtschafteten sie ein Stück Land, das ihnen die Regierung zur Verfügung gestellt hatte.

Die Farm gehörte zu den einhundert Plantagen in Afrika, Asien und Australien, die von der Food and Agriculture Organization (FAO) der Vereinten Nationen ausgewählt worden waren. Ziel des UN-Programms „Green Desert" war es herauszufinden, ob sich in Wüsten und Halbwüsten fruchtbarer Boden gewinnen ließe.

Normalerweise erblüht das Namaqualand im Frühling, wenn ausreichend Niederschläge gefallen sind und der heiße, trockene Wüstenwind ausbleibt. Dann verwandelt sich der ausgedörrte, steinige Boden für wenige Tage in ein atemberaubendes Blütenparadies.

Jetzt war es Sommer, und die Temperaturen überschritten fast immer dreißig Grad. Doch ein paar Liter Nährlösung mit den Bakterien hatten gereicht, die im Boden schlummernden Samen zum Leben zu erwecken. Und unter den Blumen hatte sich bereits Gras gebildet.

Grace war stolz auf ihren Beitrag, den sie zur Lösung des wachsenden Ernährungsproblems der Erde leisten konnte. Persönlichen Ruhm und Ehre erntete sie allerdings nicht für die Entdeckung der Venusbakterien, und das war für sie auch in Ordnung. Schließlich war es das

Verdienst der gesamten „Venus-One"-Crew, dass die Havoc-Mission so erfolgreich verlaufen war. Gut, dass Chen Li das nicht verhindern konnte, dachte Grace. Dass er jetzt hinter Gittern für immer über seine Tat nachdenken kann, ist nur recht und billig.

Die Venusbakterien erwiesen sich als Turbodünger. Sie steigerten Ernteerträge, verbesserten die Bodenqualitäten und ließen auf Ödland Pflanzen und Getreide wachsen. Nicht nur in Namaqualand; auch von den anderen Versuchsplantagen kamen ermutigende Meldungen.

Mark gefiel die Arbeit im Labor und auch die praktische Landarbeit. Sie diente ihrer Selbstversorgung und ermöglichte dem hier ansässigen Volk der Nama, wieder Mais und Gemüse anzubauen. Viele Familien hatten wegen der Trockenheit ihre Heimat bereits verlassen.

Grace machte ihn mit den Eigenheiten der ursprünglichen Lebensweise jenseits der urbanen Metropolen vertraut. Auch im 21. Jahrhundert steckte Afrika noch voller Geheimnisse.

Mark wusste, dass Grace als Kind mehrere Jahre in einem Dorf des Nguni-Stamms im Zululand-Distrikt verbracht hatte. Ihre Mutter, eine Lehrerin aus Dänemark, unterrichtete an einer Schule in Kapstadt und heiratete einen Kollegen, den Vater von Grace. Graces Mutter starb bei der Geburt, ihr Vater kurz darauf am Covid-19-Virus. Er sorgte aber noch dafür, dass Grace von seinem Bruder aufgenommen wurde. Ihr Onkel wurde ihr zweiter Vater. Er war der Sangoma des Nguni-Dorfs, ein Schamane, gebildet und mehrsprachig.

„Du hättest meinem Onkel früher den Preis von zwölf Rindern bezahlen müssen, um mich zu heiraten", zog sie ihn auf. Mark lachte nur. Ich hätte auch zwanzig Rinder akzeptiert, dachte er. Aber das sagte er ihr nicht.

Eines Abends auf der Veranda unterbrach ihn Grace beim Schreiben des monatlichen Berichts für die FAO.

„Mark, du glaubst nicht, was hier steht." Grace war empört über die Meldung auf ihrem Tablet. „Green Desert – wirklich unbedenklich?", lautete die Überschrift der Meldung, die sie ihm mit vor Ärger zitternder Stimme vorlas:

Ray Armstrong, Professor für Astrophysik an der Cornwall University wirft der FAO vor, die mögliche Langfristwirkung der Venusbakterien nicht genügend bedacht zu haben. Er spricht von einer Büchse der Pandora, die sich geöffnet haben könnte. „Exoterrestrische Mikroben sind in der Lage, das gesamte Ökosystem der Erde zu vernichten", warnt der Wissenschaftler und fordert den Stopp des Green-Desert-Programms.

„Das ist doch totaler Unsinn", empörte sich Mark. „Die Bakterien sind von unabhängigen Laboren in mehr als dreißig Ländern gentechnisch analysiert worden. Von ihnen geht absolut keine Gefahr aus."

Grace pflichtete ihm bei. „Ohne die Bakterien können die Probleme des Bevölkerungswachstums und des Klimawandels niemals bewältigt werden. Was bewegt diesen Professor, der noch nicht einmal Mikrobiologe ist, Green Desert mit derart unsinnigen Unterstellungen, in Misskredit zu bringen?"

„Das ist nur ein Wichtigtuer“, versuchte Mark sie zu beruhigen. „Der Blödsinn wird schon morgen wieder vergessen sein.“

Doch beide ahnten bereits, dass diese Meldung in den digitalen Netzwerken eine Welle zustimmender Tweets, Posts und Chats auslösen würde. Die Bemühungen, die irdische Ökosphäre eine Minute vor zwölf zu regenerieren, könnten dann zum Scheitern verurteilt sein.

Das, was sich in den folgenden Wochen in den sozialen Medien weltweit tat, übertraf die schlimmsten Befürchtungen. Verschwörungsfanatiker, Sektenführer, Untergangspropheten und Umweltextremisten entfachten einen Shitstorm, in dem die absurdesten Behauptungen auftauchten. Die Bakterien seien intelligent und würden die Herrschaft über alle Lebewesen anstreben, hieß es. Oder Aliens wollten, dass sich die Menschheit selbst ausrotte.

Nach kurzer Zeit war aus diesem unkoordinierten Twittergewitter eine international agierende Bewegung geworden, die sich nicht scheute, „Rettet die Erde“ als Motto zu missbrauchen und auf ihre Fahne zu schreiben. Politiker wurden bedrängt, Parteien unterwandert und Medien mit Falschmeldungen gefüttert. Und wie aus dem Nichts tauchte an der Spitze ein charismatischer Anführer auf: Professor Ray Armstrong. Er forderte seine Anhänger auf, dafür zu sorgen, dass das Green-Desert-Projekt eingestellt wird. Wenn nötig, auch mit Gewalt.

„Das Namaqualand ist zu abgelegen. Glaube mir, uns drohen hier keine Attacken verrückter Ökoextremisten", meinte Grace.

Wie fast jeden Abend saßen sie mit einem Glas Wein auf der Veranda und betrachteten den Abendhimmel. Sobald die Sonne hinter den Hügeln verschwunden war, tauchte der erste Stern auf – die strahlend helle Venus. Es war der magische Moment, der sie jedes Mal verstummen ließ. Dann wurde es Nacht, und über ihnen leuchteten zum Greifen nah unzählige Sterne.

Mark fiel es wie immer schwer, sich von diesem ergreifenden Anblick zu lösen. Als er schließlich den Blick senkte, erschrak er. In der Dunkelheit vor ihnen sah er die regungslose Silhouette eines Mannes, der sich auf einen knorrigen Holzstock stützte.

„Sei unbesorgt, Mark", flüsterte Grace. „Das ist Jonker, der Häuptling der Nama, die in dem kleinen Dorf hinter den Hügeln leben. Ich kenne ihn gut."

Der Mann trat näher und grüßte respektvoll erst Grace und dann Mark. Mark drehte das Licht der Petroleumlampe hoch. Das Alter von Jonker ließ sich nur schwer schätzen. Er könnte zwischen vierzig und sechzig sein, vermutete Mark, vielleicht aber auch viel älter. Jonker trug lange Hosen und eine abgewetzte Wolljacke, die viel zu groß für seinen dünnen Körper war, und einen flachen Hut mit einer breiten Krempe.

„Goeie naand. Ekskuus", sagte er leise auf Afrikaans.

„Guten Abend, Jonker", antwortete Grace. „Was gibt es?"

„Ihr solltet morgen aufpassen. Ich habe erfahren, dass schlimme Dinge geschehen könnten."

„Was für schlimme Dinge?", fragte Grace.

„Das weiß ich nicht. Nur, dass Unheil droht."

„Wer hat denn das gesagt?", wollte Mark wissen.

„Die Geister, die uns hier beschützen."

„Die Geister haben geredet? Sie können sprechen?", fragte Mark.

„Ja. Komm, überzeuge dich selbst", antwortete Jonker und führte Mark ein paar Schritte hinaus an den Rand der Felder. Mark hörte aber nur das Säuseln und Rauschen des Winds, der durch die Dornbüsche strich.

„Die Geister schweigen wohl gerade", sagte er, nachdem er aus Höflichkeit einige Minuten gelauscht hatte. Er ging zurück zur Veranda, und Jonker verschwand in der Dunkelheit.

„Was war das denn?", sagte er zu Grace. „Ist der Alte nicht mehr ganz klar im Kopf?"

„Doch, klarer als du denkst. Ich habe dir ja gesagt, Afrika steckt noch immer voller Geheimnisse. Magie gehört hier zum Alltag. Vieles lässt sich mit unserem westlich geschulten Verstand nicht erklären."

„Warum wollte Jonker uns warnen?", fragte Mark.

„Ich glaube aus Dankbarkeit. Ich weiß, ich durfte das eigentlich nicht, aber ich habe ihm ein paar Flaschen mit unserem Superdünger gegeben. Kurz danach fing wieder Hirse auf seinen trockenen Feldern an zu wachsen."

„Du glaubst den Hokuspokus von diesem Jonker?" Grace beantwortete die Frage nicht, sondern wechselte scheinbar das Thema.

„Weißt du, wann man mir zum ersten Mal gesagt hat, dass ich zur Venus fahren würde?“

„Nachdem du alle Auswahltests bestanden hattest, nehme ich an.“

„Nein, Mark, viel früher. Ich war acht oder neun. Mein Onkel nahm mich eines Morgens an die Hand und führte mich auf einen Hügel nahe unserem Dorf. Er zeigte auf den einzigen Stern, der noch zu sehen war, bevor der leuchtende Punkt von der Helligkeit des beginnenden Tages verschluckt wurde. ‚Dort oben wirst du eines Tages sein‘, sagte er. ‚Und dort wird sich dein Schicksal entscheiden.‘ Damals wusste ich nicht, dass dieser Stern die Venus war.“

Grace schwieg einen Moment.

„Nicht nur das Universum gibt uns große Rätsel auf, Mark, auch das Leben auf der Erde.“

Mark wusste nicht recht, was er davon halten sollte. Doch er sah Grace an, dass sie es ernst meinte.

Der nächste Tag verlief ohne besondere Vorkommnisse, und Mark hatte die merkwürdige Begegnung mit Jonker fast vergessen – bis am Abend ungebetene Gäste vor dem Farmhaus auftauchten. Drei jüngere Männer entstiegen einem schwarzen Geländewagen mit einem Johannesburger Kennzeichen. Das Trio machte keinen sehr freundlichen Eindruck. Der ältere von den Dreien trug ein Gewehr über der Schulter, die beiden anderen hielten Benzinkanister in den Händen.

Mark stand vor dem Haus. Die Männer kamen ihm langsam entgegen. Als er ihre T-Shirts mit dem

Aufdruck „Save the Earth“ sah, war ihm klar, dass es großen Ärger geben würde. Es sah so aus, als seien die Drei gekommen, um die Pflanzungen niederzubrennen.

„Es ist besser, du verziehst dich jetzt in dein Haus und lässt uns unsere Arbeit machen“, rief ihm der Mann mit dem Gewehr zu, ein bulliger Kerl mit einem dichten ungepflegten Vollbart. Mark wusste nicht, was er tun sollte.

Auf die Männer zuzustürzen, um ihnen das Gewehr zu entreißen, wäre selbstmörderisch. Die Vernichtung der Plantage könnte er aber auch nicht zulassen. Vielleicht ließen sie sich in eine Diskussion verwickeln. Er wollte erst einmal Zeit gewinnen.

„Ich glaube, es ist besser, wenn ihr euch ganz schnell verziehen würdet!“, hörte er plötzlich Grace hinter sich rufen. Er blickte sich um, und sah, wie sie mit der Flinte auf einen der beiden Männer mit den Kanistern zielte. „Ich wüsste doch zu gern, ob es stimmt, dass ein Benzintank explodiert, wenn man auf ihn feuert. Wollen wir es ausprobieren?“

Die Männer sahen sich verunsichert an. Als der mit dem Gewehr versuchte, seine Waffe in Anschlag zu bringen, drückte Grace ab. Die Patrone schlug kurz vor dem Mann im Boden ein.

„Der nächste Schuss trifft. Also macht, dass ihr wegkommt!“

„Kommt, lasst uns abhauen“, sagte der bullige Kerl. „Die verdammte Bitch meint es wirklich ernst.“

Eine Minute später waren die Drei in ihrem Geländewagen wieder verschwunden.

Auf Mark hatte das ganze wie eine Szene aus einem Film gewirkt. Er brauchte einen Moment, um das soeben Erlebte zu verarbeiten.

„Grace, das war von dir …“, er suchte nach einem Wort, „…fantastisch!“ Grace blickte ihn lange an.

„Fantastisch?“ Ihre Stimme klang bitter. „Wenn du als Coloured in Südafrika aufgewachsen bist, ist so etwas für dich alltäglich“, sagte sie. „Übrigens, du solltest ab sofort immer eine Waffe bei dir haben.“

Grace hat Jonkers Warnung ernst genommen, anders als ich, ging es Mark durch den Kopf. Sie hat recht, Afrika steckt voller Geheimnisse.

VI

Der weltweite Erfolg des Green-Desert-Projekts war trotz der Störmanöver der Save-the-Earth-Bewegung nicht mehr aufzuhalten. Im australischen Outback konnten weite Teile aufgeforstet werden, große Teile der asiatischen Halbwüsten verwandelten sich in Grasland, und selbst in weiten Teilen der Sahelzone wuchs wieder Getreide und sogar junger Wald. Aufgrund der damit erzielten klimatischen Verbesserung kehrte auch der Regen wieder in die Dürregebiete zurück.

Immer mehr Menschen bezweifelten die Legende von den Killerbakterien. Die Save-the-Earth-Bewegung bestand schließlich nur noch aus einer kleinen Schar ignoranter Fanatiker. Ihr Anführer wollte allerdings nicht aufgeben: Professor Armstrong verbreitete weiter

Lügen und rief zu Gewalt auf. Nach seiner Verhaftung stellte sich heraus, dass er auf diversen Konten Millionenbeträge gebunkert hatte, deren Herkunft er hartnäckig verschwieg. Dass es sich bei den Geldgebern um Hintermänner großer Hersteller chemischer Düngemittel und Pestizide gehandelt haben könnte, blieb nur eine Vermutung der Ermittlungsbehörden.

Der südafrikanische Sommer neigte sich dem Ende zu. Mark und Grace saßen auf der Veranda und genossen die milde Wärme der tiefstehenden Sonne. Inzwischen waren sie zu dritt; zwei Jahre zuvor war ihre Tochter Iris zur Welt gekommen.

Am Horizont war ein kleiner dunkler Punkt zu sehen, der rasch größer wurde. Aufgeregt zeigte Iris auf das silberne Monstrum, das jetzt fast den halben Himmel bedeckte. Sie blickte ihre Eltern ängstlich an.

„Das ist die ‚Magellan', Schatz", sagte Mark. „Ein Zeppelin. Er fliegt manchmal über uns hinweg."

Das Luftschiff, gigantisch wie ein Oceanliner, befand sich auf seiner Rundreise über den afrikanischen Kontinent. Es schwebte in einer Höhe von nicht mehr als hundert Metern direkt über ihren Köpfen. An den großen offenen Panoramafenstern standen Passagiere und winkten ihnen zu. Das Brummen seiner Motoren war so leise, dass die gedämpften Klänge einer Klaviersonate bis zum Boden drangen.

„Von dort oben muss die Welt wunderschön aussehen. Kaum vorstellbar, dass die Erde noch vor wenigen Jahren vor dem ökologischen Kollaps stand", sagte

Mark nachdenklich. „Wir haben glücklicherweise rechtzeitig gemerkt, dass wir ohne die Erforschung des Weltraums die Probleme der Erde nicht bewältigen können."

„Ich weiß nicht recht", antwortete Grace. „Wenn wir die Erde besser behandelt hätten, bräuchten wir keine Venusbakterien und keine Ersatzerde. Hoffentlich werden die Menschen jetzt vernünftig."

Das Luftschiff setzte langsam seine Fahrt fort und verschwand schließlich in der von der Abendsonne rot gefärbten Wolkendecke.

„Bedauerst du manchmal, nicht mehr zur Venus zurückkehren zu können?", fragte Mark. Venus Cloud City bestand inzwischen aus einem Dutzend Zeppelinen, die jeweils zu viert sternförmig zusammengekoppelt waren. Die Siedlung beherbergte mehr als vierhundert Personen. Einige von ihnen hatten ein Vermögen bezahlt, um für immer in der Stadt in den Wolken zu leben.

Grace musste nicht lange überlegen.

„Zurück zur Venus? Nein, Mark. Die Erde ist der perfekte Planet. Wir müssen nur liebevoll mit ihr umgehen."

ANMERKUNGEN

Fragen und Fakten

Betr.: Auftrag in Tarapoto

Siedelten tatsächlich Karthager und Kelten in Lateinamerika?

Der deutsche Archäologe Professor Hans Giffhorn vertritt in seinem Buch „Wurde Amerika in der Antike entdeckt? Karthager, Kelten und das Rätsel der Chachapoya" eine bemerkenswerte Hypothese: Keltischen Kriegern sei es im Verbund mit wagemutigen Seefahrern aus Karthago möglich gewesen, bereits vor zweitausend Jahren nach Peru zu gelangen. Die Indizien sind ohne Zweifel eindrucksvoll:

Im ehemaligen Siedlungsgebiet des vor Jahrhunderten untergegangenen Volkes der Chachapoya in den peruanischen Anden findet man uralte steinerne Rundbauten und gewaltige Festungen, die bis ins Detail den zweitausend Jahre alten Bauwerken spanischer Kelten entsprechen. Hans Giffhorn entdeckte weitere Hinweise, die für eine Herkunft der Chachapoya aus dem antiken keltisch-karthagischen Kulturraum sprechen: ähnliche Götterdarstellungen, identische Steinschleudern und Werkzeuge, die gleiche Technik der Schädelbohrung.

Unbestritten ist, dass die Karthager die besten Schiffsbauer der Antike waren. Ihre Schiffe gelten als hochseetüchtiger als zum Beispiel die Santa Maria, mit der Kolumbus im fünfzehnten Jahrhundert Amerika erreichte.

Giffhorn vermutet, dass nach der Zerstörung Karthagos durch Rom eine größere Flotte mit Hunderten von Karthagern und ihren keltischen Söldnern ins rettende Exil nach Südamerika aufgebrochen sein könnte und die Amazonasmündung erreicht haben. Dann sei man, in der Hoffnung auf bessere klimatische Bedingungen, flussaufwärts gezogen und habe im Laufe einiger Hundert Jahre das Gebiet der Chachapoya erreicht – und sich mit den Vorfahren dieser „Wolkenmenschen" oder „Nebelkrieger", wie sie genannt wurden, zusammengetan. Hier, im Nordosten Perus, leben ungewöhnlich viele blonde und hellhäutige Menschen. Genetische Untersuchungen zeigen, dass es sich bei ihnen um Nachfahren der Kelten handeln könnte.

Giffhorns These ist in der Fachwelt umstritten. Doch er kann sich auch auf Aussagen renommierter Wissenschaftler stützen. So wurden bei Chachapoya-Mumien Skelettdeformationen nachgewiesen, die nur durch aus der Alten Welt eingeschleppte Seuchenerreger zu erklären sind.

Professor Giffhorns Indizien sind ohne Zweifel eindrucksvoll. Für die Bestätigung seiner Hypothese bedarf es allerdings noch handfester archäologischer Beweise.

Was hatten die Nazis in Südamerika vor?

Die in der Erzählung erwähnten geheimen Netze der Nazis in Südamerika sind historisch belegt. Die Vision einer „nationalsozialistischen Weltorganisation" war kein Hirngespinst der Nazis, sondern ein strategisches Ziel, das mit erschreckender Perfektion verfolgt wurde: Noch vor der Machtergreifung am 30. Januar 1933 gründeten die Nationalsozialisten in Ländern aller

Kontinente örtliche Landesgruppen, die von der sogenannten Auslandsorganisation der NSDAP straff geführt wurden. Aufgabe der NSDAP-AO war es, alle „rassisch geeigneten" Deutschen außerhalb der Reichsgrenzen zu erfassen, zu kontrollieren und ideologisch auf Linie zu bringen sowie Regimekritiker bespitzeln zu lassen. Außerdem nutzten die Nazis die Auslandsorganisationen als „fünfte Kolonne" für Spionagezwecke und subversive Aktionen. Die Landes- und Ortsgruppen traten offen als nationalsozialistische Organe auf oder tarnten sich als deutsche Kulturvereine, Heimatklubs oder Brauchtumsverbände.

Wegen der großen Zahl an deutschen Einwanderern und einer bei vielen vorhandenen Sympathie für ihr Programm gelang es den Nationalsozialisten, in Südamerika die ersten Auslandsorganisationen außerhalb Deutschlands aufzubauen. In Peru gründete Mitte 1932 der Ortsgruppenleiter Carl Dedering von Lima aus eine Landesgruppe der NSDAP. Nach dem Eintritt der USA in den Weltkrieg ging die peruanische Regierung auf nordamerikanischen Druck gegen die politischen Aktivitäten der Reichs- und Auslandsdeutschen rigoros vor.

Quellen: Hans Giffhorn: Wurde Amerika in der Antike entdeckt? Verlag C.H. Beck, München 2013. arte-Dokumentation (von Michael Gregor) „Karthagos vergessene Krieger". Deutschland 2014.

Volker Koop: Hitlers Fünfte Kolonne. Die Auslands-Organisation der NSDAP. be.bra verlag, Berlin- Brandenburg 2009.

Betr.: Das Albatros-Komplott

Welche Konzepte gab es für den Weltverkehr mit Luftschiffen?

In den dreißiger Jahren des letzten Jahrhunderts nahmen die deutsch-amerikanischen Pläne für einen internationalen Luftschiffverkehr Gestalt an. Deutschland und die USA wollten spätestens Anfang der vierziger Jahre eine Flotte von sechzehn Luftschiffen in den Dienst stellen. Unüberwindbare Schwierigkeiten sah man nicht.

Zusammen mit der als Schwestergesellschaft der Deutschen Zeppelin Reederei in Akron/Ohio gegründeten American Zeppelin Transport Inc. sollte zunächst der Transatlantikverkehr ausgebaut werden. Die Goodyear Zeppelin Corp. wollte hierfür zwei eigene Großluftschiffe bauen und einsetzen – Giganten von rund 300 m Länge, deutlich größer als die „Hindenburg" (250 m).

In dem 1931 erschienenen Buch „Story of the Airship" (das Vorwort verfasste der Präsident der Goodyear-Zeppelin Corporation P.W. Litchfield) ist bereits die Rede von einem Zeppelinverkehr auch über den Pazifik mit „Luftschiffen mit Kabinen, Duschbädern, Promenaden und Restaurants für bis zu hundert Passagieren." Von Kalifornien aus würden dann Zeppeline regelmäßig nach Honolulu, Manila und Yokohama fahren.

Wegen der heraufziehenden politischen Spannungen wurden diese Pläne ab Mitte der dreißiger Jahre nicht weiterverfolgt. 1935 gaben die Vereinigten Staaten nach zwei verheerenden Unglücken mit Luftschiffen der US-Navy den Bau von lenkbaren Starrluftschiffen auf.

Bis zum Ende des Luftschiffbetriebs im Mai 1937 waren die „Graf Zeppelin" und die „Hindenburg" die einzigen planmäßig verkehrenden Zeppeline im Transatlantikverkehr. Ohne das Unglück von Lakehurst und ohne den Zweiten Weltkrieg würden vermutlich heute noch große Zeppeline über Meere und Kontinente schweben – so, wie auch die Windjammer noch lange nicht der Vergangenheit angehören.

Quelle: Horst Kleinert: Traumreisen mit dem Luftschiff. Aufstieg, Fall und Rückkehr der Zeppeline. Thurm-Verlag, Lüneburg 2017.

Betr.: Das Rätsel von Rapa Nui

Die in der Geschichte erzählte Entdeckung einer Insel mit Tempelruinen und Steinstatuen ist Fiktion. Das Rätsel aber bleibt, wie auf der relativ kleinen Osterinsel mit ihren begrenzten Ressourcen jahrhundertelang eine von der Welt abgeschottete hochentwickelte Gesellschaft existieren konnte, die sogar über eine eigene Schrift inklusive astronomischer Zeichen verfügte. Im gesamten Südseeraum gibt es dafür keine Parallele.

Wird es ein Luftschiff wie die „Magellan" demnächst geben?

Die Chancen stehen dafür nicht schlecht: Im August 2016 absolvierte das derzeit größte Luftschiff der Welt, der Airlander, über den alten Luftschiffhallen von Cardington (Bedford) seine erste Probefahrt. Das 92 m lange

Modell der englischen Firma Hybrid Air Vehicles (HAV) befördert 10 t Nutzlast plus 48 Passagiere und kann senkrecht starten und landen, ganz gleich ob auf einem Feld, in der Wüste, auf Wasser oder auf einer Eisfläche. Geplant sind größere Versionen für bis zu 200 t Nutzlast. „Flying Bum" (fliegender Po) nennen die Konstrukteure ihr Hybridluftschiff. Von vorn ähnelt die breit ausladende Hülle in der Tat einem riesigen Hinterteil.

HAV will den Airlander noch in den 2020er Jahre auf den Markt bringen. Das Unternehmen hat die nötigen Genehmigungen der Behörden erhalten. Nach Auskunft von HAV-Chef Stephan McGlennan soll der Airlander für Luxusreisen eingesetzt werden.

Quellen: Horst Kleinert: Traumreisen mit dem Luftschiff. Aufstieg, Fall und Rückkehr der Zeppeline. Thurm-Verlag, Lüneburg 2017.
Der Airlander wird gebaut. Golem.de (14.01.2019) sowie diverse Pressemeldungen.

Betr.: Die Stadt in den Wolken

Wie stellt sich die NASA den Ablauf des Havoc-Projekts vor?

Die Erforschung der Venus soll in mehreren Phasen verlaufen:

Im ersten Schritt würde ein Roboter in die Venusatmosphäre geschickt werden, um die dort herrschenden Bedingungen genauer zu analysieren. Danach soll ein bemanntes Raumschiff mit einem Luftschiff im Gepäck zur Venus fliegen. Wissenschaftler und Astronauten würden in dem Luftschiff dreißig Tage den Planeten umkreisen. Anschließend soll ein einjähriger Aufenthalt klären, ob ein dauerhafter Aufenthalt in der Atmosphäre für Menschen möglich ist. Mehrere Luftschiffe könnten dann nach und nach zu fliegenden Forschungsstationen zusammengekoppelt werden.

Noch nennt die NASA keinen Zeitplan für das Havoc-Projekt. In naher Zukunft dürfte mit einer Realisieirung deshalb nicht zu rechnen sein. Zuvor sind noch einige technische Probleme zu lösen, wie z. B. das Eintauchen des Transportmoduls in die Venusatmosphäre. Ein dafür geeignetes Bremsmanöver muss erst noch entwickelt werden.

Könnte es in der Venusatmosphäre tatsächlich Leben geben?

Im September 2020 sorgte eine Meldung weltweit für Aufsehen, wonach es Hinweise für die Existenz von Leben in der Venusatmosphäre gebe. Radioastronomische Beobachtungen hatten dort Monophosphan nachgewiesen. Dieses Gas entsteht auf der Erde bei Fäulnisprozessen von Organismen. Schnell wurde spekuliert, dass das auch auf der Venus so sein könne. Ein Beweis für die Existenz von Mikroorganismen ist das allerdings noch nicht. Bei neuerlichen Messungen gab es keinen Hinweis mehr auf das Vorhandensein von Phosphan; die frühere Entdeckung gilt daher als wissenschaftlich nicht gesichert. Unter Wissenschaftlern wird dennoch weiter spekuliert: Mikroben, die einst an der Oberfläche der Venus entstanden, bevor alles Wasser verdampfte, könnten in der Atmosphäre Zuflucht gefunden und in

Wolkentröpfchen überlebt haben. Leben auf der Venus sei also gar nicht so unwahrscheinlich.

Quellen: NASA Technical Reports Server (Document ID 20160006580, acquired May 25, 2016) sowie diverse Meldungen in der Presse.

Bitte beachten Sie auch die folgenden Buchempfehlungen

www.thurm-verlag.de

„Kleinerts Buch macht regelrecht süchtig nach den gigantischen Luxuslinern am Himmel“ (Horst Schwartz, „Schwar(t)z auf weiß - Texte übers Reisen“)

„Eine kenntnisreich geschriebene Geschichte der Luftschifffahrt und ein spannender Ausblick auf ihre mögliche Zukunft“ (Dr. Kristiane Klemm, Förderkreis Historisches Archiv zum Tourismus)

Klappenbroschur, 164 Seiten, 48 Abbildungen,
Preis: (D) 14,90 €. ISBN 978-3-945216-20-0

In der explosiven Situation der untergehenden Weimarer Republik besucht der junge Autor Ernest Hemingway Berlin – und gerät ins Visier eines politischen Geheimbundes. Als der Reporter Frank Hartung den Verschwörern auf die Spur kommt, wird er selbst zur Zielscheibe. Eine dramatische Flucht, die ihn über Paris bis nach Miami führt, nimmt ihren Anfang.

Broschur, 205 Seiten,
ISBN 978-3-945216-32-3 (€ 12,80).
E-Book 978-3-945216-31-6 (€ 8,90)

Paul und Bianca schweben in einer tödlicher Gefahr, als sie erkennen, dass sie Teil eines monströsen Projekts sind.

Max Becker verliert 1895 beim Spiel seine Plantage. Er flieht ins Kaiserreich – und fühlt sich zurückversetzt in die Steinzeit.

Ein Mann zwischen Leben und Tod, eine Frau zwischen Ost und West. Und ihr Kampf um eine gemeinsame Zukunft.